Volker Friebel – Innere Bilder

Volker Friebel

Innere Bilder
Imaginative Techniken in der Psychotherapie

Walter Verlag

Die Deutsche Bibliothek – CIP-Einheitsaufnahme

Friebel, Volker: Innere Bilder: Imaginative Techniken
in der Psychotherapie / Volker Friebel. – Düsseldorf : Walter, 2000
ISBN 3-530-42151-0

© 2000 Patmos Verlag GmbH & Co. KG
Walter Verlag, Düsseldorf und Zürich
Umschlagmotiv: © Pinkhassov G. / Magnum
Umschlaggestaltung: Groothuis & Consorten, Hamburg
Satz: Josefine Urban – KompetenzCenter, Düsseldorf
Druck und Bindung: Grafo s.a., E-Basauri
ISBN 3-530-42151-0

Inhalt

Vorwort

»Die Berechenbarkeit der Welt, die Ausdrückbarkeit alles Geschehens in Formeln – ist das wirklich ein ›Begreifen‹? Was wäre wohl an einer Musik begriffen, wenn alles, was an ihr berechenbar ist und in Formeln abgekürzt werden kann, berechnet wäre?«
Friedrich Nietzsche, Nachgelassene Fragmente 1886/87

Weshalb die Beschäftigung mit Imagination? Bilder und Vorstellungen sind unser Erleben, wir konstruieren in ihnen unsere Welt. Zeichen oder Worte bedeuten immer bereits eine Abstraktion von der persönlichen Erfahrung – sie sollen ja von anderen Menschen verstanden werden –, sie dienen der Mitteilung, der Kommunikation nach außen, müssen daher überindividueller Natur sein. Das Wort »Meer« wird von allen Menschen etwa gleich verwendet: die Vorstellungsbilder, die sich dabei einstellen, unterscheiden sich aber sehr.

Bilder sind immer privat. Wenn wir sie zu beschreiben versuchen, kommunikativ nach außen bringen wollen, geschieht das über weitgehend genormte Worte oder Zeichen. Die persönliche Erfahrung kann so nie ganz übermittelt werden. Vielleicht ist das auch gar nicht so wichtig. Denn Bilder sind die Verbindung nach innen. Sie sind genauer, lebendiger, empathischer, als Worte zu sein vermögen. Wenn wir in unserer Sprache emotional werden, geschieht das deshalb über die Annäherung an Bilder, über eine Sprache in Bildern. Über diese Sprache der Bilder wirken wir am nachdrücklichsten auf andere ein – und auf uns selbst.

Mag die Beschäftigung mit inneren Bildern zunächst auch wie ein Rückzug ins Private erscheinen, reichen sie über ihren Ausdruck in einzelnen Menschen doch in alle Bereiche der Gesellschaft hinein. Als »Visionen« religiöser und politischer Führer sind sie für die besten und schlimmsten Taten der Menschheit verantwortlich – denn Träume, innere Bilder bewegen die Welt; die Bemühungen der »Realisten« hinken ihnen immer nur hinterher.

Trotz der Konzentration auf die Anwendung von Imagination in der Psychotherapie soll deshalb auch eine Darstellung der Grundlagen der Imagination (Buchteil 1) und ein Abriß einiger anderer

Bereiche erfolgen, in denen Imagination wichtig ist (Buchteil 2). Zwar können die Abschnitte über Imagination in den psychotherapeutischen Schulen (Buchteil 3) und über die Praxis der Imagination in der Psychotherapie (Buchteil 4) auch unabhängig gelesen werden, die beiden ersten Buchteile greifen aber doch immer wieder in anwendungsrelevante Themen hinein, so daß sich ihre Lektüre auch für den Praktiker lohnen wird.

Die Beschäftigung mit inneren Bildern hat mich nun viele Jahre begleitet. Sie ist so wenig langweilig geworden wie das Leben und hat sich verändert mit ihm. In der Biologie bezeichnet »Imago« das fertig ausgebildete geschlechtsreife Insekt nach der letzten Häutung. Eine Raupe, eine Puppe, ein Schmetterling, *Imago*: Wer weiß, wohin er fliegt in der Welt.

Tübingen, im Frühling 2000

Grundlagen innerer Bilder

Die Innenseite der Welt

»Gehirne — so lautet meine These — können die Welt grundsätzlich nicht abbilden; sie müssen konstruktiv sein, *und zwar sowohl von ihrer funktionalen Organisation als auch von ihrer Aufgabe her, nämlich ein Verhalten zu erzeugen, mit dem der Organismus in seiner Umwelt überleben kann.«*
Gerhard Roth, Das Gehirn und seine Wirklichkeit, 1997

»Die Welt, *soweit wir sie erkennen können, ist unsere eigene Nerventhätigkeit, nichts mehr.«*
Friedrich Nietzsche, Nachgelassene Fragmente 1880–1881

Ein Schmetterling auf einer Distel: Licht trifft auf ihn, manche Spektren werden aufgenommen, andere zurückgeworfen, je nach Form und Oberflächenbeschaffenheit des Falters. Lichtwellen der zurückgeworfenen Frequenzbereiche treffen auf die Sinneszellen meines Auges, reizen dort Fotorezeptoren. Chemische Veränderungen lösen Nervenimpulse aus, diese laufen über die Sehbahn in mein Gehirn, wo sie bearbeitet werden, hinter- und nebeneinander, rückbezüglich.

Die Impulse der Nervenzellen enthalten selbst keinen Schmetterling mehr, keine Form, keine Farbe, keine Struktur. Sie feuern oder sie feuern eben nicht. Das Gehirn empfängt eine Folge, ein Muster aus Nervenimpulsen und setzt daraus in vielen Verarbeitungsschritten *in mir* den Schmetterling und die Distel zusammen; erst jetzt, nach mehreren Umsetzungen in andere Modalitäten, »sehe« ich ihn. Jedes Bild, das ich sehe, ist ein »inneres« Bild: Wir sehen nur »innen«.

Der Begründer der Sinnesphysiologie, Johannes Müller (1801–1858), formulierte das »Gesetz der spezifischen Sinnesenergien«. Danach bestimmt nicht der Reiz die Natur der Sinnesempfindung, sondern die Sinnesrezeptoren, die durch diesen gereizt werden. Ob Fotozellen Licht empfangen, elektrisch oder mechanisch stimuliert werden: *Jede* Reizung der Fotozellen bewirkt eine visuelle Empfindung, jede Reizung der Hörzellen ein auditives Erleben. Entsprechendes gilt für die weitere Verarbeitung: Auch Areale des Gehirns können elektrisch gereizt werden. Eine Stimulation der primären

Zonen des okzipitalen Kortex, wo die ersten Verarbeitungszentren des visuellen Systems liegen, bewirkt das Auftreten einfacher visueller Halluzinationen wie Blitze, züngelnde Flammen oder farbige Flecke (Lurija 1992).

Wichtig ist, *welche* Zellen gereizt werden; wie diese Reizung zustande kommt, ist uninteressant. Das Gehirn kennt den Bauplan des Nervensystems: Einer Reizung der Sinnes- oder Verarbeitungszellen des visuellen Systems ordnet es »Sehen«, einer Reizung des auditiven Systems ordnet es »Hören« zu – entsprechend erleben wir ein Bild oder einen Ton.

Die Wahrnehmungsmodalität (Hören, Sehen, Schmecken, Tasten, Riechen) ist ein Konstrukt unseres Gehirns, sie liegt nicht in den Nervenimpulsen begründet, sondern allein im immer schon vorhandenen Wissen des Gehirns vom Ursprung der Nervenimpulse. Die Impulse aber tragen kein Abbild eines Schmetterlings in sich. Bilder oder Töne müssen aus der Abfolge des Rezeptionsstroms und dem vorhandenen Wissen über die Herkunft der Nervenimpulse ganz neu konstruiert werden.

Roth (1997) unterscheidet deshalb drei Welten: Die Außenwelt, die Welt der neuronalen Impulse im Gehirn und die Erlebniswelt. Unser Gehirn steht als neuronales System in der Mitte. Ihm sind nur die eigenen Erregungen bekannt, und es kennt seinen Bauplan. Aus diesen Vorgaben heraus erschließt es die Existenz eines Körpers und einer Welt um diesen Körper herum, und setzt das Erschlossene in sich als Erlebniswelt um.

Die innere Erlebniswelt ist dabei nicht etwa ein Abbild der äußeren Welt. Sie ist eine Interpretation von Nervenimpulsen und bezieht sich nur zum kleinen Teil direkt auf Außenreize. Einer Sinneszelle des Auges stehen etwa 100.000 Nervenzellen im Gehirn zur Auswertung der von ihr gelieferten Impulse gegenüber. Die massivsten Verbindungen im Gehirn sind Assoziationsfasern, Verbindungen zwischen einzelnen Hirnteilen, nicht etwa Verbindungen von außen nach innen oder umgekehrt. Wir nehmen nicht einfach das wahr, was »draußen« ist, sondern interpretieren Impulse, die wir als aus der Außenwelt stammend einstufen.

Diese Interpretationen richten sich nach der Erfahrung, die im Laufe der Evolution in unserem Körper und Nervensystem Struktur angenommen hat, festgehalten in der Gestalt unserer Gene. Und da ist die subjektive Erfahrung des einzelnen Menschen. Wenn ich bestimmte Impulsmuster als rund interpretiere, danach greife und mich an Kanten verletze, wird sich meine Interpretation verändern. Wahrnehmungen sind so zu allererst einmal Hypothesen.

Im Alltag genügen mit einiger Vorerfahrung oft schon wenige Sinnesdaten, um in uns ein vollständiges Wahrnehmungsbild zu erzeugen. Fehlende Daten werden einfach aus dem Gedächtnis oder durch Spekulation ergänzt. »Je vertrauter mir eine Situation oder Gestalt ist, desto weniger ›Eckdaten‹ benötigt mein Wahrnehmungssystem, um ein als vollständig empfundenes Wahrnehmungsbild zu erzeugen, das zu diesen Eckdaten paßt.« (Roth 1997) Innere Wahrnehmungsbilder entsprechen also nur teilweise äußeren Objekten; fast immer sind große Teile dessen, was wir erleben, Zutaten aus der internen assoziativen Aktivität des Gehirns.

Und nicht alles, was im »Originalbild«, im äußeren Objekt der Sinneswahrnehmung enthalten ist, wird in seine innere Repräsentation umgesetzt. Perrig, Wippich & Perrig-Chiello (1993) berichten über einen Versuch, bei dem ein Gesicht visuell dargestellt wurde, in das ein Ritter mit Lanze und Pferd eingearbeitet war. Der Ritter wurde von den Wahrnehmenden nicht erkannt. Das Bild wurde weggenommen und die Versuchspersonen gebeten, es sich nun innerlich vorzustellen. Das gelang. Aber niemand konnte in diesem Vorstellungsbild den Ritter entdecken, auch nicht, als sie nun informiert wurden, daß das Bild in der visuellen Vorlage integriert war. Erinnerungsbilder enthalten also nur Elemente des Originalbildes, die vorher bewußt analysiert worden sind.

Aus den Analysen der Impulse unserer Sinneszellen, aus unseren Ergänzungen und Assoziationen dazu konstruieren wir die Welt. Sie ändert sich mit unseren Erfahrungen. Unter den individuellen Erfahrungen unseres Menschenlebens aber liegen die Erfahrungen des Lebens selbst, wie sie sich in unseren Genen festgeschrieben haben.

»Unsere vor jeder individuellen Erfahrung festliegenden Anschauungsformen und Kategorien passen aus ganz denselben Gründen auf die Außenwelt, aus denen der Huf des Pferdes schon vor seiner Geburt auf den Steppenboden, die Flossen des Fisches, schon ehe er aus dem Ei schlüpft, ins Wasser paßt«, so schrieb Konrad Lorenz bereits 1941 (nach Eibl-Eibesfeldt 1995). Und: »Die Evolution, obwohl grundsätzlich nicht zweckgerichtet, ist ein Erkenntnisvorgang.« (Lorenz 1983)

Der Aufbau innerer Bilder (und Töne, Empfindungen) aus den Impulsen der Sinnes- und Verarbeitungszellen steht aber sicherlich nicht am Anfang der Evolution. Zunächst einmal scheint die Instanz, die die einzelnen Wahrnehmungen zusammenfaßte, integrierte, das Verhalten gewesen zu sein: Der Einzeller, die Pflanze, das »niedere« Tier nimmt etwas wahr und reagiert unmittelbar darauf.

Beim Menschen und anderen Säugern, mit sehr hoher Wahrscheinlichkeit auch bei anderen Tieren, ist dann eine integrative Instanz zwischen Wahrnehmung und Verhalten getreten: das subjektive Erleben, wie es sich im Aufbau innerer Vorstellungen und ihrer emotionalen Bewertung ausdrückt. Beim Menschen sind neben die Bilder, die sich aus Impulsen von Sinneszellen aufbauen, Bilder hinzugekommen, die einen Ausfluß der internen Aktivität des Gehirns darstellen, ohne Bezug auf aktuell stattfindende Wahrnehmungen.

Entscheidend ist dabei gerade diese integrative Funktion von Bildern und Gefühlen. Organismus und Gehirn sind im Laufe der Evolution sehr komplex geworden, haben sich immer weiter differenziert und spezialisiert. Gefühle und Bilder sind wie notwendige Gegenströmungen zu dieser Entwicklung: sie globalisieren, vereinheitlichen und stellen das Ergebnis ihrer integrativen Leistung, das Bild und das Gefühl, den vielen Untersystemen als Gesamtbild der gegenwärtigen Ereignisse im kognitiven System zur Verfügung.

Die Frage, ob das ganze subjektive Erleben nur eine Begleiterscheinung des materiellen Geschehens im Gehirn ist oder ob es die wirkende Kraft sein kann, der das materielle Geschehen lediglich folgt, stellt sich gar nicht, wenn das Gehirn nicht als geschlossene Einheit, sondern als Vielheit betrachtet wird: Bilder sind die integrative Begleiterscheinung der Arbeit vieler oder aller Untersysteme und wirken als integrative Gesamtdarstellung auf die Arbeit der einzelnen Untersysteme zurück.

Sowohl innere Bilder wie Gefühle können als integrative Gesamtdarstellung verstanden werden, aber sie unterscheiden sich voneinander. Gefühle werden wesentlich mit dem limbischen System in Zusammenhang gebracht, einer weitgestreckten Struktur unterhalb der Hirnrinde. Dieses kann als Bewertungssystem betrachtet werden. Die Grundgefühle Glück, Traurigkeit, Wut, Furcht und Ekel und die ganze daraus abgeleitete Palette unseres Gefühlslebens sind eine Stellungnahme unseres Gehirns, unserer ganzen bisherigen Erfahrung, zum aktuell Erlebten. (In Klammern sei festgehalten, daß das relevante Bewertungssystem des Gehirns mit seinen wesentlichen Auswirkungen auf das Verhalten *subkortikal* angesiedelt ist, weit weg von allem, was mit Rationalität und Bewußtsein zu tun hat. Und in Klammern sei fortgesetzt, daß die Informationen für diese Bewertungen aus der Großhirnrinde bezogen werden und die Bewertungen selbst wieder in die kortikale Informationsverarbeitung einfließen.) »Das Wirken des limbischen Systems erleben wir als begleitende Gefühle, die uns entweder vor bestimmten Handlungen warnen oder unsere Handlungsplanung in bestimmte Richtungen lenken. [...] Wer nicht fühlt, kann auch nicht vernünftig entscheiden und handeln.« (Roth 1997)

Bildhafte Vorstellungen sind offensichtlich nicht so unmittelbar als Bewertungen zu verstehen wie Gefühle. Sie können Ausdruck von Bewertungen sein – wie die Bilder, die sich bei der Vorstellung einer unangenehmen Situation einstellen –, und sie können Grundlage von Bewertungen sein – wie jede aktuelle Wahrnehmung oder jede Vorstellungsfantasie. Jedenfalls sind sie die Instanz, auf die sich die Bewertungen beziehen. »Unter« den Gefühlen liegen die Bilder. Die stärkere Bildhaftigkeit von Wörtern geht mit stärkerer Emotionalität einher (Campos, Marcos & Gonzalez 1999).

Grundsätzlich sollten die Hirnprozesse auch hier interaktiv und nicht einfach sequentiell verstanden werden. So ist aus der Sozialpsychologie bekannt, daß Bewertungen durchaus bereits einen Einfluß auf die Wahrnehmung haben, beispielsweise schätzen arme Menschen ein Geldstück größer ein als reiche. Jede Vorstellung wird so auch Einflüsse des emotionalen Bewertungssystems zeigen und umgekehrt auf dieses zurückwirken. Beides baut sich miteinander, sich gegenseitig beeinflussend auf. Bilder und Vorstellungen aber sind konkreter als Gefühle, die eher eine vage Gesamtdarstellung des augenblicklichen Zustands abgeben. Um zielgerichtet handlungsleitend werden zu können, müssen sie sich in Bildern manifestieren. Und hier wird die enge Beziehung zwischen subjektiven Empfindungen und Motivation offensichtlich.

Bilder wirken so auch als Vermittlung zwischen dem Gefühl (der Bewertung) und einer zielgerichteten Handlung. Uns wird das nicht immer bewußt, wir werden eher einen direkten Zusammenhang beispielsweise zwischen dem Gefühl der Angst und einer Fluchtreaktion spüren. Daß sich in einer Befragung zur Situation Vorstellungsbilder einstellen, könnte so als Ergebnis eben der kognitiven Arbeit aufgrund der Befragung und nicht als automatischer, selbstverständlicher Prozeß, den es nur aufzudecken gilt, verstanden werden.

Hierzu sei auf die Übersichten von Kunzendorf (1991) sowie Dadds und Mitarbeiter (1997) verwiesen, die zeigen, daß selbst so »trockene« Phänomene wie die klassische Konditionierung nach Pawlow durch innere Bilder vermittelt werden. Klassische Konditionierungen gelingen nämlich nicht immer bzw. nicht bei allen Versuchspersonen gleich gut, und zwar weil manche Menschen (oder Tiere) nicht oder nicht lebendig genug antizipieren. Die klassische Konditionierung beispielsweise der Herzrate war erfolgreicher bei Menschen mit lebhafteren Bildern. Imagination kann klassische Konditionierung beim Menschen fördern oder hemmen, mentale Bilder können unkonditionierte und konditionierte Stimuli ersetzen. Kontingenzbewußtsein fördert zwar die Konditionierung, braucht nach der Konditionierung aber nicht mehr bewußt erinnert zu werden – die Assoziation bleibt trotzdem bestehen (Fulcher & Cocks 1997). Immer wieder wird von Asthmatikern oder Menschen mit Pollenallergien berichtet, deren Anfall bereits durch die Vorstellung einer Blumenwiese ausgelöst werden kann.

Im Kino laufen die Bilder auf einer großen Leinwand, die Menschen sitzen in Reihen davor. Wir können diese Zuschauer als die vielen Untersysteme im menschlichen Gehirn betrachten, die über den Film in einen gewissen Einklang gebracht werden, deren Arbeit sich über diesen Bezugspunkt integriert. Ein solches *interaktives Kino*: in uns ist es schon immer Wirklichkeit gewesen.

Was gespielt wird, ist ein Film über die Welt. Selbst Wahrnehmungsbilder sind immer schon eine Interpretation, wie die Versuche von Libet zeigten (siehe in Roth 1997 oder Nørretranders 1994), sind der Versuch einer Integration, einer *Simulation* dessen, was sich tatsächlich ereignet. Unvermitteltes Erleben ist gar nicht möglich. Wir erleben immer schon die Bedeutung, die subkortikal die Neukonstruktion unserer Sinneserlebnisse aus den Impulsen unserer Nervenzellen begleitet und in diese Neukonstruktion Eingang findet. Wir sehen keine Lichtmuster, sondern immer schon den Schmetterling auf einer Distel.

Bilder ohne Beteiligung der Sinnesorgane sind »innere Bilder« im engeren Sinne. So werde ich den Begriff künftig gebrauchen. Um sie von den Wahrnehmungsbildern abzugrenzen, müssen wir unser Gehirn näher betrachten.

Gehirn und inneres Bild

»[...] Eine Unzahl von einzelnen Bewegungen werden vollzogen, von denen wir vorher gar nichts wissen, und die Klugheit der Zunge z. B. *ist viel größer als die* Klugheit unseres Bewußtseins *überhaupt. Ich leugne, daß diese Bewegungen durch unseren Willen hervorgebracht werden; sie spielen sich ab,* und bleiben uns unbekannt *[...].«*
Friedrich Nietzsche, Nachgelassene Fragmente 1881

Man nimmt an, daß für die Speicherung von Wissen ein Netzwerk kortikaler Areale im Frontal- und Temporallappen des Gehirns existiert, das bei der semantischen Verarbeitung von Bildern und Wörtern gleichermaßen beteiligt ist. In diesem Netzwerk vollziehen sich die Verarbeitung und die Speicherung sowohl visuell-anschaulicher als auch abstrakt-funktionaler Wissensaspekte, wie sie sich etwa der analogen (sinneshaften) und der propositionalen (semantischen) Repräsentation zuordnen lassen (Kiefer 1998).

Die Existenz analoger Repräsentationen konnte im wissenschaftlichen Experiment erstmals bei Rotationsaufgaben nachgewiesen werden. Dabei muß von der Versuchsperson entschieden werden, ob eine um einige Grad gedreht abgebildete Figur die genaue Kopie einer normal stehend abgebildeten Figur ist oder ob es Unterschiede gibt. Es stellte sich heraus, daß die Zeit zur Bewältigung der Aufgabe vom Drehwinkel zwischen Original und Kopie abhängt. Dies weist darauf hin, daß die Versuchspersonen die Kopie mental drehen, um den Vergleich anzustellen, daß sie also ein mentales Bild von ihr herstellen (Übersicht in Rösler & Heil 1998). Gute Imaginierer lösen solche Rotationsaufgaben besser als schlechte (Weatherly und Mitarbeiter 1997), ein weiterer Hinweis darauf, daß man mit inneren Bildern arbeitet.

In der Folge hat sich eine Vielzahl von Untersuchungen mit der mentalen analogen Repräsentation beschäftigt. Meist geht es um die Veränderung der Gehirnaktivität beim Hervorrufen von Vorstellungen (inneren Bildern) im Vergleich zu einer tatsächlichen Wahrnehmung oder einer tatsächlich durchgeführten Bewegung. Die Herangehensweisen sind verschieden, auch bei der Konzentration auf eine bestimmte Art von Imagination. Zu kinästhetischen Imaginationen verwendeten Deiber und Mitarbeiter (1998) die Positronenemissionstomografie (PET), um Veränderungen der Aktivation kortikaler Regionen festzuhalten: Versuchsteilnehmer sollten sich die Bewegung eines ihrer Finger vorstellen, diese Bewegung zusätzlich tatsächlich ausführen bzw. gar nichts tun. Pfurtscheller & Neuper (1997) verwendeten das Elektroenzephalogramm (EEG) zur Feststellung von Aktivitätsänderungen bei Vorstellung einer Handbewegung. Schnitzler und Mitarbeiter (1997) setzten Magnetoenzephalografie zur Untersuchung kinästhetischen Imaginationen von Fingerbewegungen ein.

Sowohl methodisch als auch theoretisch werden in Zukunft vermutlich Erweiterungen des Zusammenspiels Imagination-Hirnaktivität vorgenommen werden. Graf und Mitarbeiter (1998) stellten interessanterweise bei visuellen Imaginationsaufgaben, die eine mentale Rotation verlangten (entweder von sich selbst oder von Objekten), Mitbewegungen des Körpers fest. Bonnet und Mitarbeiter (1997) erhoben eine – allerdings nur schwache – Erhöhung der EMG-Aktivität bei der Imagination einer Bewegung: Manche eigentlich visuellen Vorstellungen (zumindest von Bewegung) können also auch eine psychomotorische Komponente enthalten. Zumindest teilweise scheinen wir bestimmte Imaginationen so auch über den Körperausdruck wahrzunehmen. Umgekehrt erhoben Sathian und Mitarbeiter (1997) bei einer taktilen Orientierungsaufgabe (Reizung des Zeigefingers) eine Erhöhung des regionalen zerebralen Blutflusses, dessen Lokalisation auf Visualisierungsprozesse zur besseren Diskrimination des Gebiets der taktilen Reizung hindeutet.

Trotz aller noch vorhandenen methodischen Probleme und zu erwartenden notwendigen Erweiterungen der Fragestellung gibt es Erfolge und Übereinstimmung in Forschungsergebnissen. Übersichten wie Decety (1996a, 1996b) gehen deshalb davon aus, daß imaginierte und tatsächliche Bewegung in gewissem Ausmaß dieselben zentralen Hirnstrukturen besetzen. Cunnington und Mitarbeiter (1996) erhoben in den frühen Komponenten von bewegungsbezogenen kortikalen Potentialen, die etwa ein bis zwei Sekunden vor Ausführung der Bewegung beginnen und wohl der Bewegungsvorbereitung dienen, keine Unterschiede zwischen tatsächlichen und imaginierten Bewegungen. Bewegungsausführung und Bewegungsimagination generieren ähnliche prämotorische Vorbereitungsprozesse in denselben kortikalen Gebieten. Höllinger und Mitarbeiter (1999) erhoben dies auch bei vorgestellten und tatsächlich ausgeführten Augenbewegungen. Stephan & Frackowiak (1996) zeigten, daß die motorische Imagination einige Charakteristika mit der motorischen Vorbereitung und zusätzlich weitere mit der motorischen Ausführung teilt. Auch andere Studien bestätigen, daß imaginierte Bewegungen Hirnareale wie bei tatsächlichen Bewegungen aktivieren – im Ausmaß aber schwächer als diese. Die tatsächliche Bewegung aktiviert zumindest in ihren späten Komponenten aber zusätzliche Hirnareale, wie auch die imaginierte Bewegung Hirnareale aktiviert, die nicht an einer tatsächlichen Bewegung beteiligt sind. Aktivationen bei Bewegungsimaginationen betreffen dabei nicht nur das Groß-, sondern auch das für Bewegung besonders zuständige Kleinhirn (Luft und Mitarbeiter 1998). Imaginierte und tatsächliche Bewegung lassen sich so als zwei Kreise verbildlichen, die sich stark überschneiden, von denen aber jeder auch eigenständige Anteile an Gehirnaktivität hat.

Nicht anders ist es zu erwarten. Eine tatsächliche Bewegung muß im Gehirn motorische Durchführungsareale aktivieren, eine imaginierte Bewegung darf dies nicht. Die Beteiligung von Gebieten des Frontalkortex nur bei der imaginierten Bewegung, wie sie von Deiber und Mitarbeitern (1998) gefunden wurde, weist darauf hin, daß es eine lange gemeinsame Strecke von imaginierter und tatsächlicher Bewegung gibt, die letztliche Ausführung der Bewegung dann aber durch den Frontalkortex aktiv gehemmt wird, während die tatsächliche Bewegung von primären motorischen Strukturen aufgenommen und an die Körperperipherie weitergeleitet wird. Pfurtscheller & Neuper (1997) vergleichen ihre Funde – eine EEG-Synchronisation über dem primären sensomotorischen Areal – mit der *Planung* einer willentlichen Bewegung. Auch die von Kasai und Mitarbeitern (1997) bei Bewegungsimaginationen gefundenen Zunahmen der Amplituden von motorischen evozierten Potentialen, ohne Bewegungsausführung, paßt in dieses Bild der Vorbereitung und Erleichterung einer späteren Bewegung durch Vorstellung.

Die Befunde lassen vermuten, daß innere Bilder im Sinne von nicht bewußten motorischen Imaginationen bei der kortikalen Vorbereitung von Handlungen eine Rolle spielen.

Ebenso wie das Verhältnis von Bewegung und Bewegungsvorstellung ist das Verhältnis von Wahrnehmung und bildhaften Vorstellungen einzustufen (Übersicht in Farah 1995): Es gibt starke Ähnlichkeiten und Überschneidungen – aber beide beanspruchen jeweils auch eigene Hirnareale, sind also keinesfalls identisch (so in Kosslyn, Thompson & Alpert 1997, Howard und Mitarbeiter 1998). Imaginierte Bilder und »echte« Wahrnehmungen können manchmal als nicht oder nur schwer unterscheidbare Informationsquellen wirken: Anyanwu (1997) berichtet über einen Jungen mit lichtsensitiver Epilepsie, der durch mentale Imagination visueller Stimuli in der Lage war, Anfälle bewußt auszulösen. Und jeder Mensch kann durch geeignete Vorstellungsbilder motorische, vegetative und emotionale Veränderungen in sich hervorrufen: Stellen wir uns lebhaft vor, in eine Zitrone zu beißen, dann fließt Speichel, und Enzyme werden ausgeschüttet (siehe S. 131).

Imaginations- und Wahrnehmungsfähigkeit können aber auch ganz auseinandergehen. So berichten Dalman, Verhagen & Huygen (1997) über eine Frau mit kortikaler Blindheit nach Infarkt, die zwar keine visuelle Wahrnehmung mehr hatte, deren visuelle Imagination jedoch intakt war. Chatterjee & Southwood (1995) berichten über drei Patienten mit kortikaler Blindheit, aber der Fähigkeit, zumindest aus der Erinnerung visuelle Vorstellungsbilder abzurufen.

Dazu passen die Ergebnisse von D'Esposito und Mitarbeitern (1997). Sie ließen ihre Versuchspersonen Wörter hören, wobei eine Hälfte nur hören, die andere aber beim Hören Bilder zur Wortbedeutung generieren sollte. Es zeigte sich, daß nicht der primäre visuelle Kortex, sondern der visuelle Assoziationskortex beim Generieren von Bildern beansprucht wird. Visuelle mentale Imagination scheint demnach eine Funktion des visuellen Assoziationskortex zu sein, wobei die Bildgenerierung asymmetrisch links (nicht etwa rechts) lokalisiert ist.

Wenn Imaginations- und Wahrnehmungsfähigkeit manchmal auch auseinanderfallen können, so zeigen die meisten Patienten mit selektiven visuellen Beeinträchtigungen nach Schäden des kortikalen visuellen Systems jedoch qualitativ ähnliche Beeinträchtigungen sowohl in der mentalen Imagination als auch in der Wahrnehmung (Farah 1995). Imagination und Wahrnehmung haben zumindest einige modalitätsspezifische kortikale Systeme gemeinsam, die bei beiden ähnliche Aufgaben wahrnehmen.

Viele Befunde sind aber oft schwer vereinbar, wahrscheinlich weil je nach genauer Aufgabenstellung und Sinnesmodalität unterschiedliche Hirnareale involviert werden. So ergab eine Studie von Fallgatter, Müller & Strik (1997), die Wörter mit visuellen, akustischen oder taktilen Vorstellungsinhalten verwendeten, in der P300-Komponente unterschiedliche Hirnlokalisationen. Meist rechts orientiert war die visuell-sensorische Modalität, meist links orientiert die taktile Imagination, die akustische lag in der Mitte. Die Autoren folgern daraus, daß den modalitätsspezifischen Imaginationen Aktivität unterschiedlicher neuraler Generatorensembles zugrundeliegt, die möglicherweise modalitätsspezifische primäre kortikale Areale umfassen. Solche Zuordnungen lassen sich dem derzeitigen Stand der Forschung nach aber nur als grobe Annäherung lesen. In Wahrnehmung und Imagination sowie deren Verarbeitung sind sehr viele Hirnareale involviert. Je nach Fragestellung und besonderem Fokus der jeweiligen Studie müssen Ergebnisse entweder sehr kompliziert oder wenig miteinander vergleichbar ausfallen.

Als Arbeitsmodell kann man davon ausgehen, daß innere Bilder nach ihrer Generierung (Farah 1995 zufolge wahrscheinlich in der posterioren linken Hemisphäre) eine ähnliche Verarbeitungsstrecke im Gehirn durchlaufen wie eine tatsächliche Wahrnehmung. McGuire und Mitarbeiter (1996a) erhoben in einer Aufgabe zur Imagination inneren Sprechens oder inneren Hörens, daß imaginierte Satzartikulation Aktivität in einem Gebiet auslöst, das für Sprachgenerierung zuständig ist, während Hör-Imagination mit zusätzlicher Aktivität in Gebieten der Sprachwahrnehmung verbunden ist.

»Echte« Wahrnehmungen sollten überhaupt nicht wesensverschieden von inneren Bilder betrachtet werden. Das Gehirn bildet die Welt nicht ab, sondern konstruiert sie (Roth 1997). Eingänge über die Sinneskanäle sind dabei Rohmaterial wie die inneren Vorstellungen. Einen wesenhaften Unterschied zwischen ihnen gibt es nicht. Im Gehirn ist jede Modalität nur das Feuern (oder Nichtfeuern) von Nervenzellen; ihre Qualität als Riechen, Hören, Schmecken, Sehen, Fühlen erhalten sie lediglich durch ein Vorwissen über die Lokalisation der Ursprungspotentiale. Etwas wird gehört, weil ein Vorwissen da ist: Diese feuernde Nervenzelle steht mit dem »Ohr« in Verbindung. Etwas wird gesehen, weil ein Vorwissen da ist: Diese feuernde Nervenzelle steht mit dem »Auge« in Verbindung. Etwas wird anders, blasser, unwirklicher gesehen, weil ein Vorwissen da ist: Diese feuernde Nervenzelle steht mit keinem Sinnesorgan in Verbindung.

Ein Fehlen dieser Unterscheidungsfähigkeit wird pathologische Auswirkungen auf die Weltkonstruktion der Betroffenen haben. Nach McGuire und Mitarbeiter (1996b) ist es für auditorische und visuelle Halluzinationen bei Schizophrenie verantwortlich: Innere Bilder und inneres Sprechen werden nicht mehr als solche markiert oder erkannt und ihr Ursprung deshalb fälschlicherweise in der Außenwelt postuliert.

Motorische innere Bilder werden wie Handlungsvorbereitungen, sinnesspezifische innere Bilder wie Außenreize unter selektiver Aufmerksamkeit bearbeitet (Frith & Dolan 1996, 1997). Bei tatsächlichen oder imaginativen Wahrnehmungen sind aber Einflußnahmen aus dem präfrontalen Kortex wesentlich, wobei Vorwissen (und sicherlich auch das Wissen um die Unterscheidung des jeweiligen Bildes als Wahrnehmung oder Imagination) je nach Aufgabe regulierend eingreift und so bei motorischen Imaginationen für die Hemmung der motorischen Endstrecke, bei wahrnehmungsartigen Imaginationen für deren Markierung als solche und für die Zuordnung nach »innen« sorgt (siehe auch Decety 1996b).

Entwicklung der Imagination

>»Ene mene mu
und raus bist du!«
Kinderreim

Wahrnehmungsbilder können fast von Geburt an mehr oder weniger gut aufgebaut werden – mentale Bilder vermutlich nicht, sie folgen nach, entwickeln sich aus dem Umgang mit Wahrnehmung heraus. Nach Piaget & Inhelder (1979) können bewegte innere Bilder erst von 7–8jährigen erlebt werden, weil sie das Stadium der konkreten Operationen voraussetzen. Mentale Bilder sind nach Piaget operationalen Strukturen untergeordnet. Nach den Studien von Foulkes (1982) zeigen Kinderträume im Laufe der Jahre eine Entwicklung von eher statischen Bildern zu Geschichten (ab 5–7 Jahre). Tatsächlich können

Kinder aber den Endzustand von Transformationen (beispielsweise Verschiebung einer Kiste auf einer anderen Kiste) oft schon in einem Alter vorhersagen, in dem sie die Zwischenschritte nicht angeben können. Lautrey & Chartier (1991) halten die Piagetsche Unterordnung kinetischer und transformierender Bilder unter die konkreten Operationen deshalb für zweifelhaft. Vielleicht muß eine getrennte Entwicklung analoger und proportionaler Repräsentationen angenommen werden, wobei die analogen Repräsentationen letzteren vorausgehen und deren Entwicklung leiten, da sie für Transformationen korrekte Endzustände angeben können, zu einem Zeitpunkt, zu dem noch kein Wissen darüber vorhanden ist, welche Operationen dazu wie durchgeführt werden müssen. Mit zunehmender kognitiver Entwicklung wird dann weniger auf mentale Bilder und mehr auf propositionale Verarbeitung zurückgegriffen.

Singer & Singer (1992) zeigen in ihrer Monografie zu Spiel und Imagination, daß die ersten Spiele, die – vermutlich – auf Imaginationen beruhen (eine Puppe füttern), bereits im Alter von zwölf bis dreizehn Monaten stattfinden. Zunächst ist die Puppe noch passiv, nur das fütternde Kind aktiv. Nach und nach agiert dann auch die Puppe: Sie redet, geht, füttert eine andere Puppe. Im Alter zwischen drei und sechs Jahren beginnen gemeinsame Vorstellungsspiele, bei denen Kinder untereinander Rollen verteilen und sich auf verabredete Themen, beispielsweise die Suche nach einem Piratenschatz, beziehen.

Solche Spiele mit imaginativem Charakter sind einer Studie von Singer & Singer zufolge positiv mit Freude und Lebhaftigkeit korreliert, negativ dagegen mit Furcht, Trauer oder Müdigkeit. Bei sehr zornigen, ängstlichen oder hyperaktiven Kindern konnte nur selten Vorstellungsspiel festgestellt werden. Kinder, die viel an Spielen imaginativen Charakters beteiligt sind, beteiligen sich auch mehr an tatsächlichem sozialem Spiel. Imaginative Kinder initiieren eher gemeinsame Spiele, sind weniger allein, weniger zurückgezogen oder abweisend. Wie es scheint, entwickeln Kinder, die gut imaginieren können, bessere soziale und kognitive Fertigkeiten: Sie können Erlebnisse besser integrieren, lernen Informationen zu organisieren, sind reflexiver, konzentrierter und gegenüber anderen Kindern sensibler.

Trotz breiter Angebote wählen Jungen lieber Abenteuerspiele mit verwegenen und konflikthaften Inhalten, während Mädchen zu Spielen neigen, die sich mit sozialen Themen beschäftigen, vor allem mit

Familienthemen wie der Rolle von Vater, Mutter und Kind. Mädchen scheinen dabei intimer mit ihren Figuren als Jungen, die mehr von außen beschreiben. Interessanterweise hat die Veränderung in den Fernsehklischees im imaginativen Spiel der Kindergartenkinder ebenfalls eine Veränderung bewirkt: Mädchen neigen heute mehr als früher dazu, sich mit Heldinnen zu identifizieren, wie sie in Zeichentrickfilmen und Comics vermehrt auftauchen. Eine verstärkte Hinwendung von Jungen zu häuslichen Themen ist aber nicht zu beobachten.

Hoch differenziertes Spielzeug (wie perfekt vorkonstruierte Roboter) wird zwar anfänglich gern angenommen, erhält bald aber nur noch wenig Aufmerksamkeit. Offenbar bieten Materialien wie Legosteine oder Bauklötze längerfristig mehr Ansatzpunkte für die Imagination.

Im Alter zwischen zwei und sechs Jahren haben viele Kinder imaginäre Spielgefährten: andere Kinder oder Tiere oder Fantasiewesen. Bei jüngeren Kindern wird für imaginäre Gefährten manchmal auch ein Stuhl am Tisch sowie Essen und Trinken bereitgestellt. Siegel (1998) berichtet über EEG-Aufnahmen während halluzinierter Erscheinungen, die reduzierte evozierte Reaktionen auf ein blitzendes Licht hinter der Erscheinung aufzeichneten, ganz so, als reduziere die Halluzination die Wahrnehmung des hinter ihr blitzenden Lichts. Imaginäre Gefährten werden also offenbar von vielen Kindern nicht nur für wirklich gehalten, sondern auch wirklich gesehen.

Kinder mit imaginären Gefährten sind überwiegend Einzelkinder oder Erstgeborene, die noch keine Geschwister hatten, als der Gefährte erstmals auftauchte. Die Kinder spielen mit ihren imaginären Gefährten, sie sprechen mit ihnen, wobei sie häufig beide Teile übernehmen, mit normaler Stimme für sich selbst und mit veränderter Stimme für den Gefährten. Irgendwelche ungünstigen Auswirkungen des Lebens mit imaginären Gefährten sind nicht bekannt, eher trifft das Gegenteil zu (Siegel 1998). Im späteren Alter können imaginierte Gefährten noch weiterbestehen – aber die Kinder wissen dann fast immer, daß diese nicht »wirklich« existieren. Ab etwa 10 Jahren sind die meisten verschwunden.

Auch werden ganze Fantasiewelten aufgebaut, in denen über Monate oder Jahre hin Abenteuer erlebt werden können. Cohen & MacKeith (1991) präsentieren in ihrer Monografie eine Sammlung solcher imaginierter Welten, meist aus den Erinnerungen der späteren Erwachsenen. Da findet sich die Spielzeugstadt eines achtjährigen Mädchens (berichtet von der Neunjährigen), in der alle Spielsachen, die älter als eine Woche sind, ein Haus haben. Alle trinken nur Limonade und essen Erdnüsse. Die Sonne scheint immer, es regnet nie, aber der Rhododendron überlebt. Andere Kinder stellen sich Inseln oder Länder vor, deren Entwicklung sie mit den Jahren verfolgen. Detaillierte Karten imaginierter Länder sind ein Beleg. Dabei sind gemeinsame imaginative Welten häufig. Am bekanntesten geworden ist die Welt der vier Brontë-Geschwister, die sie über Jahre hinweg miteinander entwickelten und teilten: das Fantasieland Angria. Je nach Neigung nahmen sich die Kinder der einzelnen Facetten des Landes an, entwickelten verschiedene Charaktere, bauten die soziale und politische Struktur auf. Später teilten sich die Kinder: zwei blieben der alten Welt treu, zwei andere formten ein neues Land. Während die meisten Fantasieländer im Kindesalter aufgegeben werden, blieben die Brontë-Länder bis ins Erwachsenenalter erhalten und nahmen Einfluß auf veröffentlichte Geschichten.

Bereits im Kindergarten sind Imaginationsspiele zunehmend durch Fernseherfahrungen der Kinder beeinflußt. Nach Singer & Singer (1992) haben Versuche ergeben, daß dieselbe Geschichte, einmal in Ton und Bild (Video), das andere Mal nur mit Ton (Kassette) dargeboten, unterschiedliche Auswirkungen auf die kindliche Imagination hat: Bei der Videoversion werden nachher zwar mehr Einzelheiten berichtet, die Kinder bleiben jedoch viel näher an der erzählten Geschichte, während in der Audio-Version die Imagination des Kindes in größerem Ausmaß zum Tragen kommt und die Geschichte viel freier miterlebt wird. Der Einfluß des Fernsehens auf die Imaginationsentwicklung wird deshalb als negativ beschrieben (negativ auch für die Sprachentwicklung und die Kreativität). Auch zeigte sich eine positive Korrelation zwischen der Häufigkeit des Sehens aggressiver Fernsehsendungen und der kindlichen Aggressivität. Selbst in einer 20-Jahres-Nachuntersuchung konnte eine Korrelation zwischen dem häufigen Sehen von Sendungen aggressiven Inhalts und späteren offenen Aggressionen festgestellt werden. Wird von erwachsenen Bezugspersonen mit dem Kind gemeinsam ferngesehen und durch Erklärungen das Gesehene sinnvoll in die vorhandenen Schemata des Kindes gebracht, kann Fernsehen aber bei entsprechend guten Programmen auch bereichernd wirken.

In der mittleren Kindheit, etwa ab dem Schuleintritt, werden das dramatische Spiel und theaterhafte Aufführungen wichtiger (das Psychodrama wurde von Moreno aus seinen Rollenspielen dieser Kinderzeit entwickelt).

Im Laufe der Kindheitsjahre gehen die Imaginationsspiele zunehmend ins Private über und lassen sich schwerer beobachten. Zu Imaginationen werden noch Bilder gezeichnet, jedoch wird immer weniger mit Verbalisationen und Gesten begleitet. Verbalisationen richten sich zunehmend nach innen und werden unhörbar – Imaginationsspiel wird zur mentalen Imagination wie die schon berichteten Fantasiewelten. In den ersten Schuljahren gibt es außerdem eine Bewegung von eher märchenhaften Tagträumen zu Tagträumen mit aggressiven Inhalten. Über die Jahre hinweg tendieren Mädchen eher zu märchenhaften Inhalten, Jungen zu aggressiven Imaginationen.

Die Tagträume von Neunjährigen sind strukturell denen von Erwachsenen bereits sehr ähnlich. Ab der Pubertät kommen allerdings noch erotische Inhalte dazu, vorübergehend werden auch Horrorfantasien sehr wichtig, und die Häufigkeit aggressiver Tagträume sowie Träume um Schuld nimmt im Erwachsenenalter noch weiter zu. Auch werden Tagträume zunehmend alltagsbezogen und handeln immer weniger von den Märchenwelten der Kinderzeit. Überbleibsel der Imaginationsspiele der Kinder, dem So-tun-als-ob, können bei den Erwachsenen noch beispielsweise im Fasching, in Umzügen, Mittelalterfesten, Satanskulten und ähnlichem gefunden werden.

Über die weitere Entwicklung der Imagination im Erwachsenenalter liegt eine Quer- und Längsschnittstudie von Giambra & Grodsky (1991) vor, die etwa 2.000 Personen zwischen 18 und 71 Jahren zum Teil über einen Zeitraum von bis zu 8 Jahren mit einem Imaginationsinventar untersuchten. Sowohl im Quer- als auch im Längsschnitt zeigte sich bei den Frauen eine Abnahme der visuellen und auditorischen Imagination in Tagträumen sowie eine Abnahme von deren Lebendigkeit. Bei den Männern war diese Abnahme nicht signifikant, im Längsschnitt stieg bei ihnen die Lebendigkeit von Imaginationen sogar an. Insgesamt wird man aber nach einer frühen Entwicklung im Kleinkindalter und dem Gipfel wohl in der Pubertät eine Abnahme bildhafter Vorstellungen im Erwachsenenalter annehmen müssen. Wie Campos, Perez-Fabello & Gonzales (1999) bei jungen Erwachsenen erhoben, imaginieren Menschen, die sich selbst gute Imaginationseigenschaften zuschreiben, häufiger. Daraus läßt sich ableiten, daß der Einsatz von Imagination im Alltag durch äußere Bestätigung (oder Ablehnung) beeinflußbar ist.

Gedächtnis

> »*Jedermann klagt über sein Gedächtnis, niemand über seinen Verstand.*«
> François de La Rochefoucauld, Reflexionen oder moralische Sentenzen und Maximen, 1665

Der bedeutende russische Neuropsychologe Alexander Lurija berichtet über einen Menschen mit perfektem Gedächtnis, den er seit den 1920er Jahren über einen Zeitraum von dreißig Jahren beobachten und systematisch untersuchen konnte (Lurija 1995b). Auswendiglernen hatte S. nicht nötig, er lauschte beliebigen Wortkolonnen, bat dann und wann, ein Wort oder eine Zahl genau zu wiederholen – und war dann in der Lage, die Reihen durchaus auch in umgekehrter Reihenfolge aufzusagen, von hinten nach vorn, dargebotene tabellarische Darstellungen auch quer. Das Material war gleichgültig, wichtig war jedoch eine Pause von zwei bis drei Sekunden zwischen den einzelnen Begriffen.

Lurija schreibt: »Einige dieser Tests wurden fünfzehn, sechzehn Jahre nach dem ursprünglichen Einprägen der Reihe und ohne jede vorherige Ankündigung durchgeführt. In solchen Fällen setzte sich S. hin, schloß die Augen, machte eine Pause und sagte dann: ›Ja, ja … das war bei Ihnen in der Wohnung … Sie saßen am Tisch, ich im Schaukelstuhl … Sie trugen einen grauen Anzug und sahen mich so an … nun … ich sehe, was Sie damals zu mir sagten …‹ – und dann folgte die fehlerlose Wiedergabe der damals vorgelesenen Reihe.«

Das Zitat weist schon auf den Mechanismus hin, der dem perfekten Gedächtnis zugrunde lag: S. erinnerte sich in Bildern. »Entweder er *sah* weiterhin die ihm vorgegebenen Reihen von Wörtern oder Zahlen, oder er *wandelte sie in Bilder um*.« Die ungewöhnlich stark ausgeprägte Fähigkeit zum Sehen von Bildern zeigte sich bei S. auch in synästhetischen Reaktionen: Er *sah* Töne: »Ihm wird ein Ton von 3.000 Hertz und 128 Dezibel gegeben. Er sieht einen Wedel von

27

feuerroter Farbe. Der Stiel des Wedels zerfällt in feuerrote Punkte ...«
Auch Laute und Zahlen verwandelten sich bei ihm in innere Bilder.

Bei den Tests zeigte sich, daß auch gelegentliche Fehler keine Fehler
des Gedächtnisses waren, sondern Mängel der Wahrnehmung, beispielsweise wenn S. die Wortliste an einem schlecht beleuchteten
Platz vor sich sah, so daß er die Wörter nicht gut erkennen konnte.
Veränderte er das Licht in sich, so konnte er die »Fehler« berichtigen.

S. wurde nach erfolglosen Versuchen in einigen Berufen Gedächtniskünstler und vervollkommnete seine Techniken. Alle Hilfen aber
bezogen sich auf die schnellere Herstellung oder das bessere Ablesen
innerer Bilder. »Früher mußte ich mir, um mir etwas einzuprägen, die
ganze Szene vorstellen. Jetzt genügt es mir, irgendein Detail heraus-
zugreifen. Wenn man mir das Wort ›Reiter‹ gegeben hat, brauche ich
mir nur einen Fuß mit einem Sporn vorzustellen [...] So haben sich
meine Bilder ganz schön verändert. Früher waren sie deutlich und er-
scheinungsgetreu. Die jetzigen Bilder tauchen nicht so klar und deutlich auf wie in früheren Jahren ... Ich versuche, nur noch ein Detail
auszuwählen, das nötig ist, um mich an das Wort zu erinnern«.

Über die Konstruktion zugehöriger innerer Bilder gelang S. auch
das Behalten sinnloser Silben, sinnloser mathematischer Formeln
oder beispielsweise die Wiedergabe mehrerer Strophen der »Gött-
lichen Komödie« in richtiger Betonung und Aussprache des ihm
fremden Italienisch auch noch nach 15 Jahren.

Wie werden Informationen in unserem Gehirn gespeichert? Zwei
Möglichkeiten stehen in Konkurrenz miteinander: die Modelle der
propositionalen und der *analogen* Speicherung (Wessells 1994). Mehr
und mehr setzt sich aber die Überzeugung durch, daß es nicht zwischen ihnen zu entscheiden gilt, sondern daß beide in unserem
Gehirn verwirklicht sind und sich ergänzen. Eine historische Übersicht dazu bietet Paivio (1995).

Das Modell *propositionaler Repräsentation* bezieht sich dabei vor
allem auf sprachliche oder sprachlich faßbare Zusammenhänge. Propositionen sind Ausdrücke, die Beziehungen zwischen Begriffen bezeichnen. Im Beispiel: LESEN (FRAU, BUCH) legt der erste Begriff
(LESEN) die Beziehung zwischen den folgenden fest: er ist der rela-
tionale Ausdruck der Proposition. Die beiden Begriffe in der Klam-
mer sind die »Argumente«, deren Beziehung festgeschrieben wird

(die Schreibweise ist so festgelegt worden, natürlich wäre sie auch anders wählbar). »Die Frau liest das Buch« wäre der damit gefaßte Zusammenhang. Die propositionale Repräsentation ist also symbolisch aufgebaut: Im Gehirn wird keine lesende Frau abgebildet, sondern verschiedene Begriffe, die etwa unseren Wörtern entsprechen, sowie Beziehungen zwischen diesen Begriffen. Zur propositionalen Repräsentation gibt es ausgefeilte Modelle, die versuchen, auch längeren Sätzen oder nicht auf Anhieb erkennbaren Sinnzusammenhängen gerecht zu werden, was bisher aber nur unvollständig gelingen konnte. Dennoch lassen die zahlreichen Untersuchungen zur propositionalen Repräsentation kaum einen Zweifel, daß ein Teil unseres Wissens in dieser Weise gespeichert wird – oder in einer Weise, die propositionale Repräsentationen in sich enthält.

Studien zum Vergleich des Merkens von Bildern und Wörtern zeigen jedoch, daß propositionale Repräsentationen nicht ausreichen, um unser Wissen zu erklären. Bilder werden, auch über Jahre und Jahrzehnte hin, durchgehend besser behalten als Wörter. Konkrete Wörter werden besser gelernt als abstrakte. Befragte Versuchspersonen berichten, daß sie beim Merken von konkreten Wörtern mehr Imaginationen als verbale Strategien einsetzen, beim Merken von abstrakten Wörtern dagegen ist es umgekehrt (Paivio 1995). Es besteht eine Beziehung zwischen dem Konkretheitsgrad des zu lernenden Wortes und der Imagination als Merkstrategie sowie zwischen der Abstraktheit des zu lernenden Wortes und verbalen Merkstrategien. Die Vermutung liegt nahe, daß für beides unterschiedliche Repräsentationssysteme existieren.

Modelle *analoger Repräsentation* gehen deshalb davon aus, daß zumindest ein Teil unseres Wissens nicht über symbolische Begriffe und Beziehungsgeflechte, sondern über direkte mentale Abbilder repräsentiert wird. Diese beziehen sich auf die jeweils geforderte Sinnesmodalität, meist – aber nicht ausschließlich – auf das Sehen. »Analog« meint dabei eine ähnliche, gleichartige, nicht unbedingt genau gleiche Darstellung von Wissen in unserem Gehirn: Wir werden nach dem Weg zum Marktplatz gefragt und besinnen uns darauf, indem wir diesen Weg in uns ablaufen lassen. Wir werden gebeten, uns an das Haus unserer Kindheit zu erinnern und sehen es bildhaft vor uns. Ganz offensichtlich spielen innere Bilder und nicht Bedeutungsrepräsentationen hier eine überragende Rolle.

Wie diese Bilder in uns gespeichert werden, ist unklar. Natürlich darf man sie sich nicht als kleine Fotografien, nicht als einfache Kopien der Wahrnehmung vorstellen. Damasio (1997) vermutet, daß in kleinen Neuronenverbänden in den Assoziationsfeldern höherer Ordnung sowie in den Basalganglien und limbischen Strukturen Entladungsdispositionen erzeugt werden, indem auf Synapsenebene (Stärkung oder Schwächung synaptischer Verbindungen) nicht etwa Bilder an sich gespeichert werden, sondern die Mittel, die erforderlich sind, ein »Bild« zu (re-)konstruieren. Wird ein solcher modifizierter Neuronenverband angeregt, feuert er in den frühen visuellen Kortex zurück, und wir nehmen ein Bild wahr.

Die Existenz und Bedeutung innerer Bilder zeigt auch folgendes Experiment: Versuchspersonen sollten sich eine Katze ganz klein oder ganz groß vorstellen. Dann wurden sie nach bestimmten Merkmalen gefragt und sollten angeben, ob die Katze diese besäße oder nicht (beispielsweise Krallen). Es zeigte sich, daß die Leute mit dem inneren Bild einer kleinen Katze länger zur Beantwortung der Frage benötigten. Wenn Wissen grundsätzlich über Propositionen gespeichert wäre, wie HABEN (KATZE, KRALLEN), wäre kein Zeitunterschied zu den Versuchsteilnehmern mit der »großen« Katze zu erwarten gewesen. Tatsächlich berichteten Versuchsteilnehmer mit der kleinen Katze dann auch, sie hätten zur Beantwortung der Frage die relevanten Teile des Tiers wie mit einer Lupe vergrößert (Kosslyn 1975, nach Wessells 1994).

Es ist aber einsichtig, daß eine rein analoge Speicherung von Wissen nicht sehr effektiv ist und wohl auch unsere Gedächtniskapazität sehr bald übersteigen würde. Der Eingang durch unsere Sinnesorgane wird mit etwa 10 Millionen Bit pro Sekunde angegeben, innere Prozesse mit mindestens 10 Milliarden Bit pro Sekunde. Die klare Erinnerung auch nur eines einzigen Erlebnisses würde bei ausschließlich analoger Repräsentation ungeheuren Speicherplatz benötigen, selbst wenn diese Repräsentationen eben nur »analog«, das heißt nicht *gleich*, sondern *gleichartig* wie die aktuelle Sinneswahrnehmung gestaltet wären. Wie jeder von der Arbeit am Computer weiß: Bilder verschlingen ungleich mehr Platz als Wörter, gleichgültig in welchem Kompressionsformat. Daher ist als sicher anzunehmen, daß innerhalb von analogen Repräsentationen propositionales Wissen verwendet wird, daß einzelne Elemente von Objekten, etwa Flächen und

Farben eines alten Sofas, teilweise nicht bildhaft gespeichert, sondern hier sozusagen »Abkürzungen« propositionaler Art gewählt werden, etwa: »grün, oben hell, nach unten allmählich dunkler werdend«. Bei einer aktuellen bildhaften Vorstellung des alten Sofas könnten dann diese teils analogen, teils propositionalen Informationen zum konkreten sinnesanalogen Bild zusammengesetzt werden.

Ein Hinweis auf ein solches Zusammenwirken analoger (sineshafter) und propositionaler Repräsentationen ist auch der Tatsache zu entnehmen, daß wir problemlos neue Vorstellungen generieren können. Einen auf einer Fliege reitenden Ritter oder eine lebendig gewordene und vom Teller kriechende Nudel haben wir vermutlich noch nie gesehen, dennoch gelingt uns die Konstruktion eines inneren Bildes dazu in der Regel ohne große Probleme, was darauf hindeutet, daß wir in der sineshaften Vorstellung etwas wie eine Beschreibung einzelner Bestandteile des Bildes zusammensetzen und als Ganzes erleben (ein Ritter, eine Fliege bzw. ein Teller, Nudeln, Schlängeln). Das ist gut vereinbar mit der Hypothese einer propositionalen Speicherung einzelner Merkmale, die dann zum analogen Bild zusammengesetzt und vor dem inneren Auge »gesehen« werden.

Für das Gedächtnis ist aber nicht nur eine gute Speicherung wichtig, sondern auch die Möglichkeit des Abrufs: Ein Archiv, das alles enthält, taugt ohne Verzeichnis und Zugang nicht viel. Mnemotechniken setzen deshalb an drei Bereichen an: Optimale Verschlüsselung der Wissensinhalte, Vernetzung der Wissensinhalte mit schon vorhandenem Wissen, optimaler Rückruf des gespeicherten Wissens durch Anlegen günstiger Erinnerungspfade. Es ist offensichtlich, daß sich für alle drei Bereiche die Arbeit mit Vorstellungsbildern anbietet. Am Beispiel der Schlüsselwortmethode wird gezeigt, wie Vorstellungsbilder beim Vokabellernen eingesetzt werden können (nach Mecklenbräuker und Mitarbeiter 1992):

Soll eine fremdsprachige Vokabel gelernt werden, wird zunächst nach einem Wort in der eigenen Sprache gesucht, das so ähnlich *klingt* und eine bildhafte Vorstellung auslöst: das Schlüsselwort. Für das englische Wort »hat« wäre ein Beispiel: »Haar«. Nun wird ein Bild gesucht, das das Schlüsselwort und die zu lernende Vokabel verbindet, beispielsweise ein Hut auf dem Kopf und den Haaren. Erst wird die akustische Brücke, dann die Brücke des Vorstellungsbildes konstruiert. Untersuchungen zeigen, daß diese Art, Vokabeln zu lernen erheblich leichter fällt, und zwar sowohl Menschen, die sowieso gut, als auch solchen, die sonst schlecht lernen. Am besten wird dabei das Schlüsselwort vom Lehrer vorgegeben, die Bildbrücke aber vom Lernenden selbst geschlagen. Auch in anderen Lernbereichen kann diese Methode eingesetzt werden.

Fast alle Mnemotechniken von der Antike bis zur Gegenwart stützen sich ganz oder teilweise auf Vorstellungsbilder. Innere Bilder scheinen dabei schon bei kleinen Kindern vorhanden zu sein – kaum aber Strategien, sie sinnvoll einzusetzen. Um innere Bilder bei jüngeren Kindern zum Lernen nutzen zu können, muß man sie ihnen vorbereitet anbieten. Ältere Kinder (Fünftkläßler) brauchen dagegen nur noch zur Konstruktion von Bildern als Brücken angeregt zu werden, sie können und tun es dann selbst. Die Bilder kleiner Kinder scheinen dagegen eher passiv zu sein.

Wichtig für die Hilfe beim Erinnern ist eine hohe Emotionalität und damit verbunden eine hohe Bildhaftigkeit des Materials. Rubin & Schulkind (1997) gaben 120 Erwachsenen zwischen 20 und 73 Jahren Wörter vor, um autobiografische Erinnerungen zu assoziieren. Es zeigte sich für alle Altersgruppen, daß Wörter, deren Bildhaftigkeit als hoch eingeschätzt wurde, ältere Erinnerungen und schnellere Reaktionszeiten hervorriefen. Nicht nur bei der Speicherung, auch beim Gedächtnisabruf sind also bildhafte Strategien vorzuziehen. Novack & Bonvillian (1996) erhielten bei gehörlosen Studenten, die Wortlisten lernen sollten, bessere Ergebnisse mit bildhaften Wörtern, so auch Crawford & Allen (1996) bei Normalhörenden. Wallace, Allen & Propper (1996) fanden heraus, daß Anagramme mit bildhaften Begriffen am besten gelöst wurden – dabei waren bei den Versuchspersonen gute Suggestibilität und Imaginationsfähigkeit wesentlich.

Unser Wissensstand ist aber noch keineswegs umfassend. Wie erinnern wir Beziehungen? Wie oben geschildert, verschlüsselt S. das zu behaltende Wort »Reiter« nach einigen Jahren als Gedächtniskünstler nicht mehr durch das Bild eines Pferdes mit einem Reiter darauf, sondern durch das Bild eines Fußes mit einem Sporn. Woher weiß er, daß er damit nicht das zu behaltende Wort »Sporn« erinnern wollte – oder ein ganz bestimmtes Ferienerlebnis – sondern den Begriff »Reiter«? Woher wissen wir, daß das mit englisch »hat« assoziierte »Haar« uns nicht beispielsweise auf »Kopf« bringen soll, sondern auf »Hut«? Natürlich schränkt das Schlüsselwort die vorhandenen Möglichkeiten stark ein, ein paar Alternativen bleiben jedoch immer. Wieso stören sie nicht? Wieso kommen wir sofort auf die richtige Verbindung?

Dieser kurze Einblick in die Bedeutung bildhafter Vorstellungen für das Lernen und Erinnern soll uns genügen. Wissen ruft neue Fragen hervor. Fragen stellen heißt wissen. Der hohe Wert von inneren Bildern für das Gedächtnis bleibt festzuhalten.

Denken

»Man scheut sich noch, den Zweifel ernst zu nehmen, ob die Aussagen des Geistes am Ende Symptome *gewisser psychischer Zustände seien.«*
Carl Gustav Jung, Theoretische Überlegungen zum Wesen des Psychischen, 1947

Denken kann definiert werden als mentale Aktivität zur Manipulation oder Transformation von Repräsentationen, um aus ihnen neue Informationen abzuleiten. So kommen wir zur Frage nach der analogen oder propositionalen (symbolischen) Art dieser Repräsentationen, wie sie schon beim Gedächtnis besprochen wurde.

Zusätzlich stellt sich die Frage nach dem *Verhältnis* von Denken und Imaginationen. Symbolisten behaupten, daß mentale Symbole (analoger oder propositionaler Art) das Wesen des Denkens ausmachen – Denken ereigne sich in ihnen. Konzeptualisten behaupten, Denken sei eine abstrakte spezielle Art kognitiver Aktivität, die an mentalen Einheiten konzeptueller oder abstrakter Art ansetze und Bilder höchstens als Ergebnis produziere, nicht aber selbst damit arbeite. Denis (1991) bemüht sich in seiner Übersicht um eine Vermittlung. Danach sind Imaginationen nicht das Herz des Denkens, aber ein mögliches Medium, an dem Denkprozesse ansetzen können. Denken nutzt sowohl abstrakte als auch bildhafte Repräsentationen.

Experimente zeigten, daß Denkprobleme von der Verwendung von Imaginationen unterschiedlich stark profitieren: Manchmal werden beim Denken innere Bilder benutzt, manchmal wird aber auch ganz abstrakt gearbeitet. Es konnte auch gezeigt werden, daß an Probleme bisher unbekannter Art eher bildhaft herangegangen wird, während bekannte Arten von Problemen dagegen eher sprachlich gelöst werden. Wie rechnet man drei plus vier? Beispielsweise indem drei Murmeln abgezählt werden, und dann noch einmal vier. Sie werden zu den dreien hinzugefügt, und alles zusammen wird erneut gezählt; das ergibt sieben. Gehen wir später auch noch so vor? Nein – bei vielen mathematischen Problemen wäre das gar nicht mehr möglich oder doch sehr viel umständlicher als ein abstrakter Lösungsweg.

Neben der Bildhaftigkeit des Lösungsansatzes scheint auch die Bildhaftigkeit des Ausgangsmaterials wichtig zu sein. So fanden Wallace, Allen & Propper (1996), daß bildhafte Anagramme schneller und richtiger gelöst werden als wenig bildhafte. Was bildhaft vorliegt oder bildhaft gemacht werden kann, hat Lösungsvorteile.

Voraussetzung für Imaginationsprozesse ist, daß die Daten überhaupt mental als Bilder abgebildet werden können. Wenn das Denken von physischen Objekten und Operationen handelt, ist das klar bestimmt, vor allem wenn räumliche Gegebenheiten wichtig sind. Andere Probleme sind nicht physisch, können aber bildhaft gemacht werden – Imagination wird dann symbolisch verwendet, beispielsweise wenn Zeitprobleme durch eine räumliche Darstellung repräsentiert werden. Das Mönchsproblem nach Duncker (veröffentlicht 1945) zeigt diese Bedeutung innerer Bilder für das Denken:

Ein Mönch steigt vom Talgrund aus einen beschwerlichen Bergpfad aufwärts. Er beginnt damit um 8.03 Uhr am Montagmorgen. 15 Minuten macht er Mittagspause, ißt und trinkt. Um 16.30 Uhr erreicht er den Berggipfel und verbringt dort die Nacht in Meditation. Um 8.03 Uhr am nächsten Morgen steigt er den Bergpfad wieder hinab. Beschwingt durch die Meditation ist er viel schneller, erreicht seinen Ausgangspunkt am Bergfuß bereits um 13.05 Uhr. Die Frage ist nun: Gibt es irgendeine Zeit am Tag (es muß nicht genannt werden, wann), zu der der Mönch an exakt derselben Stelle des Pfades ist, am Montag wie am Dienstag?

Die zweite Frage ist, *wie* dieses Denkproblem gelöst wird. Rein mathematisch-abstrakt kommt man nicht weit. Aber wenn man sich zwei Mönche vorstellt, von denen der eine den Bergpfad auf-, der andere absteigt, ist die Lösung offen*sicht*lich; Natürlich begegnen sie sich irgendwo auf dem Pfad – das ist die Zeit, nach der gefragt wurde. Auch andere Imaginationen würden das Problem lösen. So kann ein Koordinatensystem gedacht werden, bei dem die x-Achse die Höhe und die y-Achse die Zeit repräsentiert. Nun wird der Weg des

Mönchs am Montag ausgehend von 8.03 Uhr und von der Höhe 0 (Bergfuß) bis zu 16.30 Uhr und der Höhe 100 (Berggipfel) durch eine Linie eingezeichnet. Dann der Weg des Mönchs abwärts, wieder beginnend um 8.03 Uhr, aber von der Höhe 100 aus, endend bereits um 13.05 Uhr und der Höhe 0. Die beiden Linien schneiden sich: Das ist der gefragte Punkt. Das Problem demonstriert recht eindrucksvoll, daß bildhaftes Denken bei manchen Problemen sehr hilfreich ist. Die einzige Art des Denkens aber ist es sicherlich nicht.

Folgende Eigenschaften von inneren Bildern gelten nach Denis (1991) als besonders wichtig für Denkprozesse:

(1) Die strukturelle Ähnlichkeit von inneren Bildern mit der Wahrnehmungsrepräsentation. Wenn keine Wahrnehmung vorhanden und das Objekt, um das es beim Denken gehen soll, nicht anwesend ist, kann doch etwas Analoges durch ein inneres Bild hergestellt werden. Dies kann dann als Modell dienen, an dem das Denken ansetzt. Ganz offensichtlich ist das vor allem bei Aufgaben bedeutsam, die sich auf Räumlichkeit beziehen.

(2) Die Ökonomie der Imagination: Viel Information ist in wenig Struktur untergebracht. Bedenkt man, was für einen Verzeichnisbaum die propositionale Repräsentation eines Hasen ergäbe, freuen wir uns über das einfache analoge Bild.

(3) Da Imaginationen wie physische Objekte transformiert werden können, sind die Zwischenstadien kognitiv verfügbar; die Manipulationen können flexibel und schnell durchgeführt werden.

Vermutlich könnten wir auch ohne innere Bilder denken – mit ihnen geht es jedoch besser. Vor allem Denkprozesse in unbekannten Gewässern mit kreativen, neuartigen Ergebnissen profitieren vom bildhaften Denken.

Kreativität

» Tochter: Pappi, was ist ein Instinkt?
Vater: Ein Instinkt, meine Liebe, ist ein Erklärungsprinzip.
Tochter: Aber was erklärt es?
Vater: Alles – fast alles überhaupt. Alles, was man damit erklären will.
Tochter: Sei nicht albern. Es erklärt doch nicht die Schwerkraft.
Vater: Nein. Aber nur deshalb, weil niemand will, daß »Instinkt« die Schwer-
kraft erklärt. Wollte man es, dann würde er auch das erklären. Wir könnten
einfach sagen, daß der Mond einen Instinkt hat, dessen Stärke sich umgekehrt
proportional zum Quadrat der Entfernung verändert ...«
Gregory Bateson, Ökologie des Geistes, 1988

Kreativität wird in Unterscheidung zum Konstrukt der Intelligenz als divergentes Denken bezeichnet. Während im konvergenten »intelligenten« Denken ein bestimmter vorgegebener Zielzustand erreicht werden soll, sind im divergenten Denken verschiedene Zielzustände möglich: Eine Rechenaufgabe hat ein bestimmtes Ergebnis, andere Lösungen sind falsch. Eine Skulptur mit dem Thema »Nixen am Brunnen« kann sehr viele Gestaltungen annehmen, ohne daß die eine »richtig«, die andere »falsch« wäre.

Auch für kreative Problemlösungen ist Intelligenz nötig. Viele Aufgaben konvergenten Denkens profitieren andererseits von einer kreativen Lösungsweise, auch wenn am Schluß nur ein bestimmtes und andere Lösungsmöglichkeiten ausschließendes Ergebnis stehen darf. Kreativität und Intelligenz überlappen sich, sind aber nicht identisch.

Kreativität kann unter dem Aspekt der kreativen Person, des kreativen Prozesses, des Produkts kreativer Tätigkeit und der kreativitätsfördernden oder -hemmenden Umwelt betrachtet werden. Für unser Thema ist der kreative Prozeß wichtig. Das bereits 1926 von Wallas vorgestellte Stadienmodell hat weite Verbreitung gefunden. Es unterscheidet:

1. *Präparation*: Das Problem wird bewußt, erste Informationen und Ideen werden gesammelt.
2. *Inkubation*: Das Problem wird beiseite gelegt. Die Bearbeitung läuft aber unbewußt weiter; neue Hypothesen und Kombinationen werden durchgespielt.
3. *Illumination*: Plötzliches Auftreten einer Lösung, oft mit dem

Gefühl, daß sie gar nicht von einem selbst stammt, sondern einem eingegeben wurde.

4. *Verifikation*: Kritische Beurteilung des Ergebnisses. Eventuell Überarbeitung oder Neubeginn.

Wie jedes Modell kann auch dieses nur eine Hilfskonstruktion sein. Die Stadien sollten nicht als eindeutig abgrenzbar und starr aufeinanderfolgend betrachtet, sondern im Sinne von unterschiedlichen Denkprozessen verstanden werden, die oft ohne klare zeitliche Trennung in- und aufeinander wirken.

Bei Kunstwerken gibt die offene Zielsetzung mit der Vielzahl von Lösungsmöglichkeiten bereits die divergente Art des Denkens vor. Aber auch bei wissenschaftlichen Problemstellungen können divergente Elemente bei den Lösungsansätzen bestimmend sein. Wesentlich ist die starke Bedeutung imaginativer Prozesse beim divergenten Denken, während das konvergente Denken weitgehend von propositionalen Denkformen geleitet ist, die eher sprachlich organisiert sind.

Albert Einstein, der für sein kreatives Denken bekannt war, antwortete auf eine Fragebogenerhebung zum Denken von Mathematikern wie folgt: »Die Worte oder die Sprache, wie sie geschrieben oder gesprochen wird, scheinen für meine Art des Denkens keine Rolle zu spielen. Die psychischen Einheiten, die anscheinend als Elemente des Denkens dienen, bestehen aus bestimmten Zeichen und mehr oder weniger klaren Bildern ...« (Jacques Hadamar, 1949, zitiert in Nørretranders 1997, S. 258).

Einstein vertrat auch in der Frage nach der Zielsetzung wissenschaftlichen Denkens einen eindeutig »kreativen« Standpunkt: »Im übrigen sind letztere [die »Grundgesetze« der Physik] freie Erfindungen des menschlichen Geistes, die sich weder durch die Natur des menschlichen Geistes noch sonst in irgendeiner Weise a priori rechtfertigen lassen.« (Einstein 1981, S. 115).

Betrachtet man das Stadienmodell der Kreativität, so ist offensichtlich, daß das erste Stadium (Präparation) und das letzte (Verifikation) auch beim konvergenten Denken vorkommen. Typisch für »kreative« Prozesse sind die Stadien 2 (Inkubation: unbewußte Bearbeitung) und 3 (Illumination: urplötzliches Auftreten einer Lösung, ohne daran aktuell zu arbeiten).

Über das, was sich in der Inkubationsphase ereignet, wissen wir wenig. Zur Illumination finden sich zahlreiche Aussagen von Wissenschaftlern, Künstlern und Dichtern. Sehr bekannt geworden ist die Schilderung der Inspiration von Friedrich Nietzsche in seiner Autobiografie:

»Mit dem geringsten Rest von Aberglauben in sich würde man in der That die Vorstellung, bloss Incarnation, bloss Mundstück, bloss medium übermächtiger Gewalten zu sein, kaum abzuweisen wissen. Der Begriff Offenbarung, in dem Sinn, daß plötzlich, mit unsäglicher Sicherheit und Feinheit, Etwas *sichtbar*, hörbar wird, Etwas, das Einen im Tiefsten erschüttert und umwirft, beschreibt einfach den Thatbestand. Man hört, man sucht nicht; man nimmt, man fragt nicht, wer da giebt; wie ein Blitz leuchtet ein Gedanke auf, mit Nothwendigkeit, in der Form ohne Zögern, – ich habe nie eine Wahl gehabt. Eine Entzückung, deren ungeheure Spannung sich mitunter in einen Thränenstrom auflöst, bei der der Schritt unwillkürlich bald stürmt, bald langsam wird; ein vollkommnes Ausser-sich-sein mit dem distinktesten Bewusstsein einer Unzahl feiner Schauder und Überrieselungen bis in die Fusszehen; eine Glückstiefe, in der das Schmerzlichste und Düsterste nicht als Gegensatz wirkt, sondern als bedingt, als herausgefordert, sondern als eine *nothwendige* Farbe innerhalb eines solchen Lichtüberflusses; ein Instinkt rhythmischer Verhältnisse, der weite Räume von Formen überspannt – die Länge, das Bedürfniss nach einem *weitgespannten* Rhythmus ist beinahe das Maass für die Gewalt der Inspiration, eine Art Ausgleich gegen deren Druck und Spannung… Alles geschieht im höchsten Grade unfreiwillig, aber wie in einem Sturme von Freiheits-Gefühl, von Unbedingtsein, von Macht, von Göttlichkeit… Die Unfreiwilligkeit des Bildes, des Gleichnisses ist das Merkwürdigste; man hat keinen Begriff mehr, was Bild, was Gleichniss ist, Alles bietet sich als der nächste, der richtigste, der einfachste Ausdruck.«

Jedes Kind ist kreativ, bei Erwachsenen herrschen konvergente Problemlösungen vor. Vermutlich werden wir alle in Schule und Beruf zu sehr auf den einen erwünschten Zielzustand gedrillt: dem Ergebnis im Lösungsheft des Lehrers, der Zielvorgabe im Betrieb. Im Entwicklungsverlauf zeigt sich zunächst ein Vorherrschen des Denkens in Bildern, zu dem zunehmend abstrakte, propositionale Verarbeitungsformen treten und sie zumindest überdecken, teilweise auch ablösen (Lautrey & Chartier, 1991). Kreative Erwachsene können offenbar nach wie vor auf bildhafte Verarbeitungsprozesse zurückgreifen – und sie besitzen die für die Stadien 1 und 4 notwendigen Fähigkeiten, die offenbar eher propositionale Denkformen verlangen.

Etwas spricht aus einem selbst, etwas, für das sich das, was wir unser Bewußtsein nennen, nicht verantwortlich fühlt. Nicht nur bei Nietzsche ist diese Sprache eine Sprache des Bildes. *Was* spricht? Was ereignet sich in der Phase der Inkubation? Wo ereignet es sich? Darüber wird viel spekuliert, zwischen der »Stimme Gottes« und dem »Unbewußten« sind viele Leerwörter und Platzhalter im Umlauf. Wir können es erklären, wie die Menschen seit Jahrtausenden den Lauf des Monds und der Sterne zu »erklären« in der Lage waren, mit einer Mischung aus ein paar sorgfältigen Beobachtungen und reichlich Mythologie. Aber eigentlich wissen wir es nicht.

Innere Bilder im Alltag ·

Formen des Umgangs

»Die Tatsache, daß wir mit zwei Augen sehen und mit zwei Ohren hören, weist auf die Notwendigkeit der Wahrnehmung desselben Dinges von verschiedenen Standpunkten.«
Lama Anagarika Govinda, Mandala, 1984

Eine Freundin ruft an, mit der ich für später verabredet bin. Sie möchte vorher einkaufen, ob sie mir etwas mitbringen soll? Ich überlege. Ich beobachte, wie ich überlege. Wie gehe ich vor? Ich stelle mir bildhaft die Regale des mir gut bekannten Supermarkts vor, nenne dabei, was ich brauche. Sie fragt: Nichts aus der Tiefkühltruhe? Oh! Das hab ich vergessen, denn mein Bild des Supermarkts ist noch immer das vor seinem Umbau: ein Bild ohne Tiefkühltruhen.

Abstrakte Gedanken und visuelle Imaginationen lassen sich im EEG klar unterscheiden (Lehmann und Mitarbeiter 1998). Läßt man Versuchspersonen der Definition von konkreten oder von abstrakten Wörtern lauschen, findet sich ebenfalls eine klare Unterscheidbarkeit der Hirnaktivation (Mellet und Mitarbeiter 1998). Es gibt hirnanatomisch eine Basis sowohl für abstrakte als auch für bildhafte Herangehensweisen.

Bildhaftigkeit zeigt dabei eine engere Beziehung zur Emotionalität. Campos, Marcos & Gonzalez (1999) untersuchten den Zusammenhang der Bildhaftigkeit von Begriffen und ihrer Emotionalität und konnten nachweisen (erhoben über Veränderungen des Hautwiderstands, die emotionale Betroffenheit gut abbilden), daß konkrete und bildhafte Begriffe zu signifikant stärkeren emotionalen Reaktionen führen als abstrakte Begriffe. Vielleicht läßt sich über diese stärkere Verknüpfung zur Emotionalität erklären, daß bildhafte Begriffe in allen Altersgruppen ältere Lebenserinnerungen hervorrufen und zu schnelleren Reaktionen führen als abstrakte Begriffe (Rubin & Schulkind 1997).

Emotionalität aber zeigt eine enge Verbindung zur Motivation. Beim Umgang mit bildhaften Begriffen sind in vielen Bereichen bessere Leistungen zu erwarten als beim Umgang mit abstrakten Begriffen.

Warum also denken wir häufig abstrakt?

Warum haben wir verschiedene Sinnesorgane und nicht nur eines, das eine, den anderen überlegene? Wir orientieren uns überwiegend mit dem Auge. Aber manche Aspekte lassen sich besser riechen als sehen: Auf den Zustand des vergessenen Backofens werden wir vielleicht als erstes durch den Geruch aufmerksam. Andere lassen sich besser hören, wieder andere besser schmecken oder fühlen. Warum haben wir zwei Augen und nicht nur eines? Sogar in derselben Modalität kann eine Vielfalt gut sein und die vorhandenen Möglichkeiten erweitern. Für räumliches Sehen sind zwei Augen vorteilhaft.

Manche Probleme werden wir eher mit bildhaften Herangehensweisen lösen, andere mit abstrakten. Unsere visuelle Wahrnehmung ist in der Endstrecke bildhaft organisiert. Viele Denkprozesse sind abstrakt. Wie gerade die Wahrnehmung zeigt, sind abstrakte und bildhafte Herangehensweisen und Organisationsformen jedoch fast immer auf irgendeiner Ebene miteinander verwoben (das Feuern der Neurone ist nicht-bildhaft). Vermutlich führen beide Verarbeitungsformen erst in ihrem optimalen Zusammenspiel zur besten Lösung.

Ist es vorteilhaft, lebhafte innere Bilder zu haben? Unser Leben wird sehr von Vorerwartungen bestimmt, von dem, was »sein könnte«, bei entsprechend veranlagten Menschen auch von Erwartungsängsten. Bei Menschen mit belastenden Lebenserfahrungen sollten lebhafte innere Bilder eher ungünstig sein. Bryant & Harvey (1996) erhoben dazu die Lebhaftigkeit der Imagination bei 81 Überlebenden von Motorradunfällen mit entweder 1. Posttraumatischer Belastungsstörung, 2. spezifischer Phobie, 3. keiner psychiatrischen Diagnose und niedriger Angst. Erstaunlicherweise zeigte die dritte Gruppe die lebhaftesten Visualisierungen. Das spricht gegen einen negativen Einfluß lebhafter innerer Bilder. Die Häufigkeit von Rückfällen und Alpträumen bei der ersten, problematischen Gruppe war jedoch mit der Fähigkeit zu lebhaften visuellen Imaginationen verbunden. Persönlichkeitsfaktoren scheinen also sehr wichtig zu sein. Vermutlich kann die Fähigkeit zu lebhaften Imaginationen bei depressiven oder ängstlichen Menschen ungünstige Aspekte haben, auch wenn sie an sich wertneutral ist, so wie das wirkliche Sehen als Fähigkeit in seiner Bedeutung davon abhängig ist, was der einzelne Mensch daraus macht.

Grundsätzlich scheint die imaginative Auseinandersetzung mit Problemen günstig zu sein. Rivkin & Taylor (1999) erfragten dies bei »normalen« Studenten: Die Imagination bestehender streßvoller Ereignisse erwies sich sowohl emotional als auch bei der Förderung von Bewältigungsstrategien einer Verleugnung des Problems als überlegen.

Diese Fähigkeit zu bildhaftem Denken ist bei den Menschen offensichtlich unterschiedlich gut ausgebildet. Befragt man Menschen über die Klarheit und Lebendigkeit ihrer inneren Bilder, so wird von manchen ein »Sehen« von hoher Klarheit und Lebendigkeit beschrieben, vergleichbar ausdrücklich dem Sehen mit offenen Augen, von diesem manchmal kaum zu unterscheiden. Von anderen wird ein »Sehen« beschrieben, das sie selbst nur zögernd als visuell anerkennen: Da seien zwar Vorstellungen über räumliche Aspekte, über Farben und Formen, sie seien auch nutzbar, um klare Aussagen über den vorgestellten Gegenstand machen zu können, selbst zum »Bild« aber würden sie nicht. Sie werden eher als Empfindungen beschrieben, als Empfindungen von Bildern.

Ob eine ausgeprägte Fähigkeit zu bildhaften Vorstellungen Vorteile bei der Anwendung von Imaginationsaufgaben bringt, ist nicht sicher. Entscheidend scheint zu sein, ob innere Bilder, Vorstellungen oder bildhafte Empfindungen im täglichen Leben überhaupt herangezogen oder sogar bewußt eingesetzt werden – offenbar ist es meistens vorteilhaft, wenn dies geschieht.

Körperschema

»Die höchste Vortrefflichkeit gleicht dem Wasser.«
Daodejing, aus dem 8. Spruch, vor 2500 Jahren

Es ist für uns zu selbstverständlich, um im Alltag darauf aufmerksam zu werden: Auch von unserem eigenen Körper haben wir ein inneres Bild. Bemerkbar wird das erst, wenn es zu Unstimmigkeiten zwischen diesem inneren Bild und der Wirklichkeit kommt. Das ist beispielsweise bei Menschen mit Neglect der Fall, bei denen nicht nur der Raum, sondern auch eine eigene Körperhälfte im inneren Bild nicht oder nur unangemessen repräsentiert ist – ohne daß die Betroffenen das bemerken. Solche Menschen stoßen beispielsweise häufig gegen den Türrahmen, weil sie beim Durchgang die nicht repräsentierte Körperhälfte unberücksichtigt lassen. Menschen mit Neglect (Ursache sind Hirnschädigungen) »waschen und bekleiden eine Körperhälfte nicht, rasieren nur eine Hälfte des Gesichts oder frisieren nur eine Kopfhälfte. Sie äußern sich nicht über eine Raum- und Körperhälfte und scheinen Äußerungen anderer Personen über die betreffende Raum- und Körperhälfte nicht zu verstehen.« (Werth 1988) So werden beispielsweise auch Speisen auf einer Hälfte des Tellers nicht gegessen – die Patienten behaupten anschließend jedoch, der Teller sei leer. Diesen Menschen fehlt ein Teil der Raumrepräsentation einschließlich der Repräsentation ihrer selbst. Ein visumotorisches Imaginationstraining kann die Rehabilitation unterstützen, wie Smania und Mitarbeiter (1997) an zwei Patienten zeigten.

Neglect bedeutet sozusagen eine Amputation am inneren Bild seiner selbst. Umgekehrt berichten Menschen mit echten Amputationen über Phantomschmerzen in den nicht mehr vorhandenen Gliedern. Die Glieder müssen dazu im inneren Bild noch vorhanden sein. Reizungen der realen Nervenendigungen werden dann dorthin verlegt, wo vor der Amputation das Nervenende gelegen hat. Eine Studie von Simmel (1966) zeigte, daß dies erst ab einem Alter von etwa acht Jahren durchgängig geschieht. Bei Amputationen vor diesem Alter werden nur von wenigen Kindern Phantomschmerzen berichtet. Simmel befragte nach der Operation auch Kinder, die kongenital mißgebildete Extremitäten hatten. Bei keinem der sechs, deren Extremitäten präoperativ funktionslos waren, kam es zum Phantomschmerz (auch nicht bei den beiden, die über acht Jahre alt waren). Bei den Kindern aber, deren mißgebildete Glieder vor der Operation funktionierten, waren die Phantomschmerzen denen von Kindern mit anderen Operationsgründen ähnlich. Es scheint also ein sensorischer Eingang nötig zu sein, um ein Körperschema aufzubauen, ein Vorgang, der erst etwa im Alter von acht Jahren abgeschlossen ist. Aber wenn das Körperschema aufgebaut ist, bleibt es recht stabil.

Phantomschmerzen sind eine quälende Antwort auf die Frage nach der Bedeutung von inneren Bildern, hier des gar nicht bewußten Körperschemas. Bongartz & Bongartz (1992) berichten über einen Patienten mit seit 40 Jahren auftretenden Phantomschmerzen nach einer Beinamputation im 2. Weltkrieg. Es stellte sich heraus, daß er nachts im Traum seit 40 Jahren immer zwei gesunde Beine hat. Die Amputation war von ihm nie wirklich akzeptiert worden. In der Hypnose gelang schließlich die Korrektur des Körperschemas – und die Schmerzen verschwanden. Wir können über bewußte Imaginationen Einfluß auf unsere inneren Bilder nehmen.

Icherfahrung

»*Erster Satz* meiner *Moral: man soll keine* Zustände *erstreben, […]*«
Friedrich Nietzsche, Nachgelassene Fragmente Herbst 1881

Wie wir das Körperschema im Laufe der Jahre ausbilden, wie wir es konstruieren aus unserer Interpretation des Tanzes der Nervenimpulse, so etwa konstruieren wir auch unser Selbst. »Dasjenige Gehirn, das mich hervorbringt, ist mir selbst unzugänglich, genauso wie der reale Körper, in dem es steckt, und die reale Welt, in welcher der Körper lebt. Daraus folgt zugleich: Nicht nur die von mir wahrgenommenen Dinge sind Konstrukte in der Wirklichkeit, *ich selbst bin ein Konstrukt*. Ich komme unabweisbar in dieser Wirklichkeit vor. Dies bedeutet, daß das reale Gehirn eine Wirklichkeit hervorbringt, in der ein Ich existiert, das sich als *Subjekt* seiner mentalen Akte, Wahrnehmungen und Handlungen erlebt, einen Körper besitzt und einer Außenwelt gegenübersteht. […] *Die Wirklichkeit ist nicht ein Konstrukt meines Ichs, denn ich bin selbst ein Konstrukt.*« (Roth 1997, S. 329f.)

Wer aber ist der Konstrukteur? Dieser Organismus als Ganzes, wie er entstanden ist unter dem Einfluß der Evolution.

Wie es viele Möglichkeiten gibt, ein Haus einzurichten, so gibt es auch viele Möglichkeiten zur Einrichtung unseres Ich. Alle Innenarchitekten müssen den Grundriß und die Erfordernisse der Raumaufteilung beachten, die Häuser werden aber dennoch ganz verschieden gestaltet. Manche Häuser sind großzügig eingerichtet, andere kleinlich und eng, manche elegant, andere rustikal. Ein »Richtig« und »Falsch« anzugeben ist schwierig, aber wie wir uns machen, so wohnen wir auch.

Unser Ich ist das innere Bild all dessen, was in uns gerade geschieht, in seinem Zusammenspiel mit all dem, was wir in uns festhalten: Einstellungen, Ziele, Erwartungen, Träume.

Beeinflussung biologischer Vorgänge

> *»Das Leid der Seele belastet den Menschen tiefer als eine Krankheit des Körpers. Auch haben die Krankheiten meist ihren Ursprung im Seelischen. Nur wenige kommen von außen. Mag einer viele Medizinen einnehmen, um Schweiß zu treiben, so bleibt doch oft alles Bemühen erfolglos; bei Scham und Furcht aber bricht der Schweiß ganz sicher aus. Daraus läßt sich ersehen, wie stark die seelischen Gefühle auf den Körper wirken.«*
> Yoshida Kenko (1283–1350), aus dem Tsurezuregusa

Der auf Seite 27 näher vorgestellte Gedächtniskünstler S. wurde von Alexander Lurija (1995b) auch in anderen Bereichen untersucht. Lurija erhob, daß S. in der Lage war, durch innere Bilder körperliche Veränderungen in bemerkenswertem Umfang zu erreichen. So konnte er durch das Bild, einem Zug hinterherzurennen, seinen Puls von 70 auf 100 Schläge in der Minute erhöhen und durch ein Ruhebild wieder reduzieren. Er konnte durch Bilder, die jeweilige Hand an einen heißen Ofen zu halten oder ein Stück Eis zu umfassen, seine rechte Handtemperatur um 2 Grad erhöhen und gleichzeitig die linke um 1,5 Grad senken. Er konnte Schmerz beeinflussen: »Angenommen, ich habe Zahnschmerzen … Zuerst ist da ein orangerotes Fädchen. Es beunruhigt mich. Ich weiß, daß sich das Fädchen, wenn ich es so lasse, ausdehnen und in eine feste Masse verwandeln wird. Ich kürze das Fädchen, es wird immer kleiner – nun ist es nur noch ein Punkt – und der Schmerz verschwindet.« Lurija schreibt: »Ich gebe zu, dieses Experiment ist nicht unter kontrollierten Bedingungen überprüft worden, aber ich habe im Beisein einiger Kollegen Tests durchgeführt, die eindeutig erwiesen, daß bei S. eine Akkommodation des Auges stattfand, wenn er sich vorstellte, ein dunkles beziehungsweise helles Zimmer zu betreten, daß der Pupillokochlearreflex auftrat, wenn er sich einen schrillen Ton vorstellte, daß das Elektroenzephalogramm eine deutliche Depression der Alphawellen zeigte, wenn er sich vorstellte, daß ihm grelles Licht einer 500-Watt-Birne in die

Augen stach.« S. sagte: »Mitunter scheint es mir sogar, als könne ich mich selbst kurieren, wenn ich es mir nur deutlich vorstelle. Ich kann sogar andere behandeln. Ich weiß, daß ich mir, wenn ich krank werde, vorstelle, wie die Krankheit verschwindet ... Nun ist sie nicht mehr da, und ich bin gesund. Und ich werde tatsächlich nicht krank.«

Lurija war von seinen Ergebnissen sehr beeindruckt. Er betrachtete S. offenbar als einen Menschen mit außergewöhnlichen Fähigkeiten – was in mancher Hinsicht auch zutraf. Anscheinend hat Lurija nicht den Schritt gemacht, sich selbst oder einem anderen »Normalen« die Meßfühler anzulegen und entsprechende Vorstellungsbilder herzustellen. Er wäre noch überraschter gewesen. Temperaturänderungen der Hände durch Vorstellungsbilder können von fast jedem erreicht werden. Kinder schaffen das sogar spontan ohne Übung. Dikel & Olness (1980) erhoben bei 48 Kindern je nach Instruktion eine signifikante Erwärmung (bis 2° C) bzw. Abkühlung (bis 4°C).

Körperliche und psychische Leistungen vielfältiger Art können durch gezielte Vorstellungsbilder verändert werden. Durch Vorstellungsbilder kann Entspannung gefördert werden, und Schmerzbeeinflussung ist möglich. Ebenso kann die Fähigkeit normaler Menschen zur Regulation des Immunsystems durch Vorstellungsbilder als bewiesen betrachtet werden. Gedächtnisleistungen sind durch Verwendung von Vorstellungsbildern steigerbar.

Mentales Training

Stephan & Frackowiak (1996) referieren, daß motorische Imagination Lernen beschleunigen und die Leistung verbessern kann. Ihren eigenen Studien zufolge teilt die motorische Imagination einige Charakteristiken mit der motorischen Vorbereitung und weitere mit der Ausführung. Motorische Imagination kann so als spezielle Form motorischen Verhaltens betrachtet werden. Auch nach der Studie von Yaguez und Mitarbeitern (1998) eignet sie sich damit zur Einübung motorischer Fertigkeiten. Diese Autoren erhoben eine Verbesserung der Leistung in realen Zeichenaufgaben bei Menschen, die zuvor ein kurzes Imaginationstraining zur Aufgabe erhalten hatten. Natürlich war auch Zeichenpraxis wichtig: aber selbst nach einiger Praxis behielt die Imaginationsgruppe ihre Überlegenheit bei.

Von Spitzensportlern wird das unter dem Schlagwort »mentales

Training« genutzt (eine Darstellung bietet Baumann 1998). Generell sind drei Bereiche für den Einsatz von Imaginationen geeignet: 1. Imaginatives Einüben von Fertigkeiten oder Strategien, 2. kognitive Modifikation des Übenden, 3. Regulation des Angst- und Erregungsniveaus (Martin, Moritz & Hall 1999).

Beim imaginativen Einüben von Fertigkeiten werden die eigenen Bewegungen zur Einübung und Festigung von Bewegungsabläufen »trocken« vorgestellt, beispielsweise wird der Skiabfahrtslauf mit jeder Kurve und allen Bewegungen innerlich durchgespielt. Besonders in Disziplinen und bei Abläufen, die nicht ständig real geübt werden können, ist diese Art des Trainings bedeutsam. Auch zur Entwicklung und Festigung einer latenten Bereitschaft zur Reaktion kann mentales Training verwendet werden. So kann die mentale Vorbereitung eines Fechters darin bestehen, sich die möglichen Angriffsaktionen des Gegners vorher genau vorzustellen und mit eigenen Reaktionen zu verknüpfen. So können Überraschungseffekte des Gegners ausgeschlossen werden (Baumann 1998).

Weitere Möglichkeiten sind Imaginationen des idealen Leistungszustandes zur Erzeugung eines optimalen psychischen Klimas, von Informationen wie den Umgebungs- oder Startbedingungen zur Reduktion der Anfangsnervosität, von günstigen emotionalen Zuständen zur Reduktion von Erregungs- und Angstzuständen (nach Baumann 1998). Techniken dazu können sein: Visualisierung seiner selbst im Zustand der Entspannung, Visualisierung seiner selbst als Ausführender, Ausschaltung von Gedanken durch eine erwartungslose Visualisierung. Wichtig für die Visualisierung ist die Gegenwartsform, die Betonung eigener Stärken, die Einbeziehung möglichst aller Sinnesmodalitäten, die Beachtung von Gefühlen und die Betonung von leistungsfördernden Gefühlen. Häufiges Visualisieren (täglich je 3–5 Minuten) gilt als wirksamer als wenige lange Sitzungen.

Gubelmann (1996) untersuchte im Schulturnen mit 294 Jugendlichen beim Hindernislauf, ob auch bei »Normalen« sinnvoll mit mentalem Training gearbeitet werden kann. Es zeigte sich nicht nur eine signifikante Leistungssteigerung der Gruppe, fast noch interessanter war der Befund, daß vor allem leistungsschwächere und in der Disziplin wenig erfahrene Schüler vom mentalen Training profitieren. Das korrespondiert mit dem Befund von Bohan, Pharmer & Stokes (1999), die in den frühen Lernphasen die beste Wirksamkeit mentalen Trainings erhoben. Wenn eine Aufgabe gut beherrscht wird, sinkt die (weitere) Wirksamkeit mentalen Trainings (wie auch die Wirksamkeit jedes Trainings: Deckeneffekt).

Aber nicht etwa nur mentale Übungen des Bewegungsablaufs sind bedeutsam. Page, Sime & Nordell (1999) versuchten bei Schwimmerinnen durch Imagination erfolgreich eine Uminterpretation der Angst vor dem Wettbewerb. Es ist offensichtlich, daß es sehr leistungsfördernd sein kann, hemmende Angst in leistungsfördernde Aktivation zu verwandeln.

Entspannungsförderung

Innere Bilder werden bei den meisten Entspannungsverfahren direkt oder indirekt zur Entspannungsinduktion genutzt. Empirische Studien zur Bestätigung der Wirksamkeit innerer Bilder zur Entspannung sind aber noch rar, meist sind die Bilder so mit anderen Entspannungskomponenten verwoben, daß Aussagen über die isolierte Wirkung innerer Bilder schwerfallen. Immerhin, einiges gibt es.

Klauß (1982) gab Schülern vier Entspannungsinstruktionen: 1. Grüne Säule fixieren, 2. Augen schließen, 3. Vorstellung der Armschwere nach dem autogenen Training, 4. Vorstellung, auf einer grünen Wiese zu liegen. Die Entspannung nahm in dieser Reihenfolge zu, gemessen durch den Hautwiderstand. Lee & Olness (1996) untersuchten je 38 Jungen und Mädchen zwischen 5 und 15 Jahren. Jedes Kind sollte sich 2 Minuten lang vorzustellen, an einem ruhigen, angenehmen Ort zu sein. Nach einer Pause wurde jedes Kind aufgefordert, sich 2 Minuten lang vorzustellen, eine aufregende Aktivität zu machen, beispielsweise seinen bevorzugten Sport. Pulsrate, Hauttemperatur und elektrodermale Aktivität wurden erhoben. Bei allen Kindern zeigten die Pulsraten Abnahmen während der ruhigen Situation und Zunahmen während der aktiven. Die Hauttemperatur nahm sowohl während der ruhigen als auch während der aktiven Imagination zu. Die elektrodermale Aktivität nahm während der aktiven Imagination ab. Alle diese Veränderungen waren höchstsignifikant. Es gab keine Beziehungen zu Alter oder Geschlecht. Die Autoren sehen in diesem Ergebnis eine Bestätigung ihrer klinischen Beobachtungen, daß bewußte Veränderungen der mentalen Vorstellung bei Kindern zu sofortigen autonomen Veränderungen führen.

Schmerzbeeinflussung

Zur Veränderung von Schmerzempfinden prüften Neumann und Mitarbeiter (1997) bei Normalpersonen die Wirkung schmerzinkompatibler Imaginationen. Auf einen Schmerzreiz zeigte die trainierte Imaginationsgruppe im Vergleich zu einer Kontrollgruppe eine signifikante Erhöhung der Schmerztoleranz sowie eine niedrigere Herzrate (keinen Unterschied aber in der Hautleitfähigkeit). Es gibt begünstigende Persönlichkeitsfaktoren: Farthing und Mitarbeiter (1997) prüften im Eiswassertest verschiedene Strategien der Ablenkung und Schmerzveränderung, darunter eine Analgesiesuggestion und eine geführte Imagination. Im Vergleich zu einer Placebobedingung fand sich bei allen eine signifikante Schmerzreduktion – jedoch nur bei hoch-, nicht bei niedersuggestiblen Versuchspersonen.

Gesunde können bei kurzen und unter subjektiver Handlungskontrolle stehenden Schmerzreizen durch Imaginationen Einfluß auf den Schmerz nehmen. Das sagt jedoch noch nicht viel über die Wirkung von Imaginationen bei Schwerkranken aus, bei denen Schmerzen mit ganz anderen subjektiven Bedeutungen und Begleitvorstellungen verbunden sind. Eine Metaanalyse von Wallace (1997) zur Wirkung von Entspannung und Imagination bei Schmerz mit vorliegender Krebserkrankung im Zeitraum 1982–1995 beklagt methodische und theoretische Mängel der Studien. Die Analyse kommt zum Schluß, daß Entspannung und Imagination die Schmerzwahrnehmung reduzieren können, daß sie aber nur zweifelhafte Wirkungen auf affektive Maße haben und wohl ohne Einfluß auf den funktionalen Zustand bleiben.

Neuere Studien belegen die Wirkung von präoperativ geführten Imaginationen auf die Schmerzen nach der Operation. Lambert (1996) zeigte bei Kindern und Suggestionen eines positiven postoperativen Verlaufs signifikant niedrigere postoperative Schmerzeinschätzungen und kürzere Klinikaufenthalte gegenüber einer Kontrollgruppe, Manyande (1995) zeigte dasselbe Ergebnis bei Erwachsenen, ebenso Tusek und Mitarbeiter (1997a, 1997b). Letztere erreichten nur durch das Hören von Kassetten mit geführten Imaginationen die Tage vor und nach der Operation sowie bei der unmittelbaren Operationsvorbereitung eine Schmerzreduktion und Reduktion des Verlangens nach Schmerzmitteln von etwa 50% gegenüber einer Kontrollgruppe ohne Imaginationen.

Imaginationen zur Schmerzbeeinflussung können entweder angenehme Vorstellungen an die Stelle des Schwerzempfindens setzen. Oder sie können eine Aufgabe stellen, die vom Schmerzempfinden wegführt. Oder sie können versuchen, den Schmerzzustand aktiv zu transformieren. Johnson und Mitarbeiter (1998) zeigten, daß bei der Schmerzbeeinflussung angenehme Imaginationen weniger erfolgreich sind als Imaginationen wie Wärme- oder Lichtbeobachtung, die eine klare Aufgabe stellen, welche vom Schmerzempfinden wegführt. Peters und Mitarbeiter (1998) ließen Kopfschmerzpatienten ihren Schmerz erst imaginieren und dann in angenehmes Erleben transformieren. Eine Gruppe, bei der von Anfang an nur angenehmes Erleben eingestellt wurde, erzielte deutlich weniger Verringerung der Kopfschmerzen. Sowohl ablenkende als auch transformierende Imaginationen sind also einfach nur »schönen« Vorstellungsbildern bei der Schmerzbeeinflussung überlegen.

Imaginationen müssen nicht unbedingt unter persönlicher Anleitung durchgeführt werden. Bereits eine Kassette mit geführten Imaginationen zusätzlich zur Standardbehandlung steigerte bei Patienten mit chronischem Spannungskopfschmerz deren Erfolge signifikant (Mannix und Mitarbeiter 1999). Peters und Mitarbeiter (1998) erzielten allerdings mit einer Anregung, die Imaginationen zu Hause weiter zu betreiben, keine besseren Erfolge als bei ihrer Gruppe, die Imaginationen nur unter persönlicher Anleitung durchführte. Die Anregung allein reicht also nicht. Ein Rahmen für die Durchführung zu Hause sollte vermittelt werden; Materialien wie Übungsanleitungen oder ein Tonträger dazu sind erforderlich.

Immunsystem

Vor einigen Jahrzehnten bestand noch die Ansicht, daß es keinen Einfluß der Psyche auf das Immunsystem geben könne. Innerhalb kurzer Zeit wurden aber Daten erhoben, die dies widerlegen (siehe Friebel 1992): Das Gehirn beeinflußt das Immunsystem sowohl indirekt über Hormonausschüttungen als auch direkt, beispielsweise über Impulse von Nervenfasern an die Immunzellen des lymphatischen Gewebes. Das vegetative Nervensystem wirkt außerdem durch eine Regulierung der Durchmesser von Blutgefäßen, die zu den lymphatischen Organen führen, auf das Immunsystem ein. Um Blutgefäße herum befinden sich die meisten Nervenfasern des vegetativen Nervensystems. Sie regulieren unter anderem durch Verengung oder Erweiterung der Blutgefäße die Blutzufuhr zu den verschiedenen Organen – und so auch die Transportwege für die Immunzellen. Immunzellen besitzen auf ihrer Oberfläche Rezeptoren für verschiedene Signalstoffe der Nervenzellen, beispielsweise das vasoaktive intestinale Polypeptid (VIP), Somatostatin oder die Substanz P, die die Aktivität von Immunzellen regulieren und als Entzündungsvermittler tätig sind.

Unmittelbar nach einem Streßerlebnis ist meist eine deutliche Verminderung der Abwehrbereitschaft des Immunsystems festzustellen (Übersicht: Herbert & Cohen, 1993). Auch Beziehungen zwischen Streß und einer erhöhten Krankheitsanfälligkeit konnten nachgewiesen werden. Wie Kiecolt-Glaser & Glaser (1991) in ihrer Übersicht zu bedenken geben, ist aber nicht bekannt, wie stark eine Immunreaktion auf- oder abwärts fluktuieren muß, um das Krankheitsrisiko zu verändern. Die Autoren sind der Ansicht, daß streßbezogene Immunsuppression vor allem bei Menschen mit schon vorher ungünstiger Ausgangslage des Immunsystems zu gesundheitlichen Konsequenzen führt.

Das Streßhormon Kortisol, freigesetzt unter anderem durch erhöhte Adrenalinausschüttung, dämpft die Arbeit des Immunsystems. Sein künstlich erzeugter Bruder Kortison wird deshalb als Immunsuppressivum verwendet. Um medizinisch zufriedenstellende Wirkungen zu erzielen, muß man allerdings viel höhere Dosen verabreichen, als sie der Körper normalerweise produziert. Ob durch eine psychische Beeinflussung des Immunsystems solche »Dosen« erreicht werden können – oder müssen –, ist nicht klar. Effekte von Imaginationen auf das Immunsystem konnten zwar in vielen Studien nachgewiesen werden (eine Übersicht bieten Schneider und Mitarbeiter 1991), die klinische Bedeutung aber ist unklar. Auch werden die Kurz- und Langzeitauswirkungen von Imaginationen auf das Immunsystem zu wenig unterschieden (Bongartz 1990). Außerdem ist nicht endgültig geklärt, ob Imaginationen spezifisch ansetzen, wie beispielsweise Rider & Achterberg (1989) in ihrer Studie fanden, oder ob die Effekte unspezifisch über eine Entspannungsreaktion erfolgen – und dann manchmal auch konträr zur spezifischen Imaginationsanweisung liegen können, wie Hall und Mitarbeiter (1996) erhoben. Eine spezifische Wirkung von Imaginationen ist der Forschungslage zufolge zwar wahrscheinlich, aber nicht bewiesen (siehe S. 55).

Vor allem das sehr bekannt gewordene Buch von Simonton, Matthews-Simonton & Creighton (1982) weckte Hoffnungen, die vielleicht zu groß und auch in der Zielsetzung falsch waren und so letztlich einen Rückschlag für die psychologische Behandlung zumindest von Krebserkrankungen bedeuten mußten. Spiegel & Moore (1997) kritisieren das Fehlen sicherer Beweise dafür, daß die Simontontechnik – im wesentlichen Imaginationen zur Stärkung des Immunsystems bei Krebserkrankungen – den Krankheitsfortschritt oder das Überleben beeinflußt. Das ist auch kaum verwunderlich, denn eines der Probleme bei Krebs scheint ja gerade darin zu bestehen, daß das Immunsystem Tumore überhaupt nicht angreift, eine Stärkung des Immunsystems von daher wenig erfolgversprechend ist, außer etwa zur Regulation von Folgeproblemen wie der Störung des Immunsystems durch die medizinische Therapie und die erhöhte Anfälligkeit von Krebspatienten gegenüber anderen Krankheiten. Bei Frauen in der Rehabilitation nach Brustkrebsoperationen zeigte Richardson (1997), daß sich auch bei Krebs Imaginationsverfahren sinnvoll anwenden lassen. Im Vergleich zu Kontrollgruppen konnte eine Streßreduktion, gesteigerte Vitalität und verbesserte funktionale und soziale Lebensqualität erreicht werden.

Das soll keine Rückzugsposition auf die Verbesserung der Lebensqualität nahelegen, sondern verdeutlichen, wie wichtig der Bezug auf die medizinischen Zusammenhänge ist: Eine Beeinflussung des Immunsystems durch Imagination und andere psychologische Techniken ist möglich und gut dokumentiert. Sie wird aber nur dort auch gesundheitsrelevant sein können, wo das Immunsystem einen kausalen Einfluß auf das Krankheitsgeschehen hat. Bei Krebs ist dieser Einfluß keineswegs so klar wie oft angenommen. Hier wäre eher in Richtung einer Sensibilisierung des Immunsystems auf die Tumore hinzuarbeiten, nicht einfach auf eine unspezifische Stärkung des Immunsystems.

Hall & O'Grady (1991) weisen außerdem darauf hin, daß Angehörige (und nicht nur diese) mit Sterbenden in einer Form kommunizieren, daß diese den Tod als unmittelbar bevorstehend und unvermeidlich ansehen müssen. Sie vergleichen das mit dem Verhalten gegenüber einer Person, die einen Voodoo-Todesspruch erhalten hat. Hoffnungslosigkeit kann noch stärker als die Krankheit selbst auf ein Ende drängen. Positive Imaginationen könnten eines von mehreren Mitteln sein, dieser Tendenz entgegenzusteuern. McKinney und Mitarbeiter (1997b) zeigten an Gesunden, daß Imagination und Musik sowohl signifikante Abfälle des Kortisolniveaus als auch einen Rückgang an Depression, Müdigkeit mit Stimmungsverbesserung bewirken können. Brigham & Toal (1991) zeigen, wie positive Imaginationen in einem multimodalen Programm über die Erweckung von Hoffnung und kognitive Umstrukturierungen den Krebspatienten helfen können, möglicherweise auch mit Einfluß auf den Krankheitsverlauf. Hartmann (1997) zufolge hat auch Simonton selbst inzwischen mündlich seinen ursprünglichen Ansatz als zu eng bezeichnet.

Bei vielen anderen Krankheiten ist ein Zusammenhang mit dem Immunsystem aber offensichtlich. Hier sollte verstärkt angesetzt werden. Hewson-Bower & Drummond (1996) wiesen in einer Studie 45 gesunde Kinder und 45 Kinder mit zehn oder mehr Infektionen des oberen Inspirationstrakts im Jahr davor zufällig einer von drei Gruppen zu: 1. Entspannung mit Suggestionen zur Steigerung des Immunsystems, 2. nur Entspannung, 3. Kontrollgruppe. Beide Experimentalgruppen konnten im Vergleich zur Kontrollgruppe die IgA-Konzentration im Speichel steigern. Ein weiteres Maß für die lokale mukosale Immunität nahm während der Imaginationsbedingung zu, nicht während der reinen Entspannung oder in der Kontrollgruppe. Gesunde Kinder und Kinder mit häufigen Infektionen unterschieden sich bei diesen Zunahmen nicht, auch häufig kranke Kinder können solche Immunsteigerungen durchführen und davon auch gesundheitlich profitieren. Denn eine Beziehung zwischen der Immunlage im oberen Inspirationstrakt und der Häufigkeit von Infektionen dort ist stark anzunehmen.

Wie Laidlaw, Booth & Large (1996) in ihrer Studie zur Beeinflussung von Hautreaktionen auf Histamin durch hypnotisch vermittelte Imaginationen zeigten, hatten Stimmung und physiologische Variablen einen hohen Anteil an der Erfolgsvarianz: Gefühle von Irritation und Spannung sowie hoher Blutdruck waren mit weniger Interventionserfolg, Ruhe und niederer Blutdruck mit Interventionserfolg, das heißt weniger Hautreaktivität während der Intervention verbunden (diese bestand aus Imaginationen wie der Vorstellung, das

Histamin sei nur Wasser, da wäre ein Schutzfilm über der Haut oder die Haut sei verändert und würde deshalb nicht reagieren). Die Studie von Gregerson, Roberts & Amiri (1996) zur IgA-Steigerung zeigte, daß es auch signifikante individuelle Unterschiede bei der Fähigkeit zur Immunregulation gibt. Hierzu ist noch sehr wenig bekannt.

Krankheitsverlauf

In einem frühen Bericht stellt Altmann (1953) dar, wie er im Rahmen der Vorsatzbildung des autogenen Trainings einen Keuchhusten im Gefangenenlager ohne Medikamente überstand. Im Unterschied zur »klassischen« Vorsatzbildung beschäftigten sich seine Imaginationen direkt mit der Beeinflussung der körperlichen Vorgänge. Altmann war selbst Arzt; deshalb gehen in seine Imaginationen entsprechende Fachkenntnisse ein.

»Ad. 1 wandte ich meine Aufmerksamkeit der wunden Stelle im Halse zu, stellte sie deutlich ein und ging daran, sie vorstellungsmäßig Strich für Strich erst im Kreis und dann einmal in Längsstreifen mit einem Schleimhautanästhetikum einzupinseln. Novocain, fiel mir ein. Ich achtete darauf, daß die Striche sich sehr sauber, dachziegelförmig deckten und daß ja nichts ausgelassen war. Wo ich gepfuscht hatte, wo also die Aufmerksamkeit – wie man es beim Lesen zuweilen erlebt – nachgelassen hatte, ging ich noch einmal zurück. Ad. 2 wandte ich mich der Sekretlösung zu: der Schleim war zäh und spärlich. Er müßte wäßriger und reichlicher sein. Ich glaubte, der Stridor sei eine Hilfsmaßnahme des Organismus, um durch die Verengung des Lumens eine größere Wucht des Atemstromes für die Hinausbeförderung zu erreichen. Wenn der Auswurf also lockerer wäre, müßte die Enge unnötig sein. Von der aufgetauchten Frage, vorstellungsmäßig Weite einzustellen, wandte ich mich also ab. Pertussin! fiel mir ein. Als Kinder hatten wir das bekommen. Schmeckte gut. Die Flasche von damals tauchte bildlich auf, flach mit abgerundeten Schultern und abgeschnittenen Kanten. Irgendwie das Gefühl mütterlicher Fürsorge kam in Erinnerung, ohne daß ich meine Mutter sah. Und dann glaubte ich, aus dem pharmakologischen Kolleg über Expectorantia zu erinnern, daß die ätherischen Öle zur Ausscheidung durch die Lungen in Gewebsflüssigkeit gelöst werden, die dann das Sekret verdünnt. [...] Schließlich kam mir noch ein Einfall: ›So, als wenn das Wasser im Munde zusammenläuft‹, und diese Einstellung schickte ich in die Gegend der Lunge. [...]. Nach etwa 2 Stunden war das wunde Gefühl im Hals verschwunden, der Rest klang innerhalb von Tagen ab.«

Smania und Mitarbeiter (1997) berichten über eine Studie, bei der die Imaginationen im Sinne eines Trainings des Zielverhaltens eingesetzt wurden. Sie führten bei zwei Patienten in der Rehabilitation eines unilateralen Neglects nach Hirnverletzungen ein visuomotorisches Imaginationstraining durch, das visuelle und Bewegungsimaginationen enthielt. Das Training wirkte bei beiden Patienten in neuropsychologischen Tests und Einschätzung des Alltagsverhaltens durch Verwandte und war noch nach sechs Monaten stabil. Miltner und Mitarbeiter (1999) verbesserten mit Bewegungsimaginationen die Bewegungsfähigkeit bei Schlaganfallpatienten im betroffenen Arm. Sie schätzen solche Imaginationen als nützlich für die Rehabilitation ein.

Auf die Möglichkeit von Schmerzbeeinflussung durch Imaginationen wurde schon hingewiesen. Lambert (1996) führte mit Kindern vor einer Operation Imaginationen durch, unter anderem mit Suggestionen eines vorzuziehenden postoperativen Verlaufs. Die Experimentalgruppe wies im Vergleich zur Kontrollgruppe signifikant niedrigere postoperative Schmerzeinschätzungen und kürzere Klinikaufenthalte auf. Angst war postoperativ in der Experimentalgruppe reduziert und in der Kontrollgruppe gesteigert.

Inwieweit Imaginationen spezifisch und krankheitsbezogen sein sollten, ist eine ungeklärte Frage. Aus der Beeinflussung von Komponenten des Immunsystems durch spezifische Imaginationen kann aber abgeleitet werden, daß genaue Imaginationen, die Kenntnisse über Krankheit und Organismus enthalten, Vorteile gegenüber unspezifischen Imaginationen haben. Wie Kopp (1998) in ihrer Studie zur Imagination bei chronischer Polyarthritis zeigt, sind durch spezifische Imaginationen zur Krankheitsbeeinflussung im Vergleich zu unspezifischen »schönen« Fantasiereisen Vorteile beim Krankheitsverlauf zu erreichen (bei ihr eine deutliche Verbesserung der Blutsenkungsgeschwindigkeit). Die Imagination bewirkte über ihre konfrontierende Vorgehensweise aber einen Rückgang positiver Zukunftserwartungen, während die Fantasiereisen eine Verbesserung solcher psychologischer Variablen erzielen konnten.

Auch sind bei chronischen Erkrankungen Erfolge vom Patienten subjektiv nicht unbedingt nachvollziehbar: Durch die Konfrontation werden eher Probleme in den Vordergrund gerückt, und das drückt auf die Stimmung. Und selbst wenn sich der Krankheitsverlauf verbessert, das heißt die Beeinträchtigungen weniger stark zunehmen als ohne Imagination, so muß das dem Patienten nicht einsichtig sein. Er hat ja nicht den Vergleich mit einem möglicherweise schlechteren Verlauf ohne Imagination. Wir wissen darum durch Gruppenvergleiche, die dem Patienten aber nicht vorliegen, und wenn doch, ein eher abstraktes Wissen darstellen, das nicht so motivierend wirken kann wie das Empfinden einer subjektiven Verbesserung bei akuten Krankheiten.

Zunächst sind bei krankheitsbezogenen Imaginationen durchaus subjektiv empfundene Verschlechterungen zu erwarten, die sich in der Übungshäufigkeit niederschlagen können. In der Studie von Kopp (1998) wurden alle positiven Effekte des Imaginationsverfahrens von den dennoch weiterhin übenden Patienten getragen.

Die höhere psychische Belastung bei krankheitsspezischen Imaginationen sollte aber nicht als zu negativ betrachtet werden. Kopp berichtet aus ihrer Literaturdurchsicht, daß gerade eine stärkere psychische Belastung zu Beginn mit besseren somatischen Ergebnissen im Fortgang der Imaginationstherapie verbunden, also prognostisch günstig sei. Sie meint, daß die sich über die höhere Belastung ausdrückende stärkere emotionale Beteiligung für die Mobilisierung der eigenen Kräfte entscheidend sei und den letztlich besseren somatischen Therapieerfolg krankheitsspezischer Imaginationen erkläre.

Durch unspezifische Fantasiereisen wird dagegen die Aufmerksamkeit der Patienten von krankheitsbezogenen Problemen und Ängsten abgezogen. Über Entspannung und ein positives Lebensgefühl in den Fantasiereisen wird so eine günstige Beeinflussung der psychischen Situation erreicht. Die Gruppe der Patienten mit Fantasiereisen bei Kopp schätzte das Therapieverfahren und ihren Therapieerfolg positiver ein als die Gruppe mit spezifischen Imaginationen. Tatsächlich waren die Auswirkungen auf die somatische Situation bei den Fantasiereisen aber geringer als bei den spezifischen Imaginationen. Kopp meint, daß erst etwa nach einem halben Jahr eine signifikante Abnahme der psychischen Belastung zu erwarten sei. Diesen Zeitraum gilt es durch geeignete motivationale Maßnahmen zu überbrücken:

Motivation der Patienten ist bei konfrontierenden spezifischen Imaginationsverfahren entscheidend. Bei Kopfschmerzpatienten, bei denen keine besondere psychische Belastung durch die Auseinandersetzung mit der Krankheit zu erwarten ist, fand sich eine klare Überlegenheit von konkreten Imaginationsübungen im Vergleich zu »lediglich« schönen Vorstellungsübungen (Peters und Mitarbeiter 1998).

Sucht

In den oberen Abschnitten wurde gezeigt, wie innere Bilder verwendet werden können, um biologische Vorgänge günstig zu beeinflussen. Das ist allgemeine Zielsetzung. Es sollte aber dabei nicht vergessen werden, daß innere Bilder grundsätzlich wertneutral sind und auch in die andere, ungünstige Richtung wirken können. Systematisch untersucht ist das bei Suchtverhalten.

Bei Alkoholikern wurde durch Imaginationen, die sie in eine negative Gefühlslage brachten, ein erhöhter Trinkwunsch erzeugt (Cooney und Mitarbeiter 1997). Taylor und Mitarbeiter (2000) erhoben eine entsprechende Zunahme der Begierde nach Tabak während imaginativ erzeugten negativen Stimmungen bei Rauchern, die besonders stark war, wenn in der Imagination auch Rauchen vorkam. Imaginationen, zu rauchen oder rauchen zu wollen (aber nicht zu können), steigerten auch nach Conklin, Tiffany & Vrana (2000) die Rauchbegierde, die zweite Bedingung auch die Herzrate. Kokainnutzer verspürten in den Studien von Rajita, Catapano & O'Malley (1999) nach Streßimagination eine Zunahme des Verlangens nach Kokain. Bulimiepatienten reagieren nach der Studie von Tuschen-Caffier & Vögele (1999) auf durch Imaginationen provozierte Gefühle von Einsamkeit und sozialer Ablehnung mit vermehrtem Hunger und Eßdrang.

Fast immer zeigt sich eine psychische Reaktion, ohne daß sich diese aber durchgehend auch in physiologischen Maßen wie Herzrate oder Hautwiderstand äußern würde. Physiologische Veränderungen dienen offenbar nicht oder nur eingeschränkt als Vermittler zwischen Imaginationen und dem Verlangen nach der jeweiligen Droge. Die Verbindung zwischen Imagination und Drogenverlangen scheint direkt über psychische Mechanismen zu laufen.

Traum

»Unser waches Leben *ist ein* Ausdeuten *innerer Triebvorgänge mit Hilfe des Gedächtnisses an alles Empfundene und Gesehene: eine willkürliche Bildersprache davon, wie das Träumen von der Sensation im Schlafen.«*
Friedrich Nietzsche, Nachgelassene Fragmente Herbst 1880

Im Schlaf ruht das offene Verhalten – das Gehirn »schläft« jedoch nicht, seine Aktivität verändert sich lediglich. Das Erleben im Traum scheint überwiegend von innen gesteuert – die Wahrnehmung ist zwar nicht ganz ausgeschaltet, aber ohne großen Einfluß auf das Erleben (Foulkes 1982). Die rationale Kontrolle des Erlebens scheint zu versagen. Auch wenn im Traum motorisches Verhalten wie Gehen oder Rennen vorkommt, korrespondiert damit keine entsprechende Aktivität des willkürlichen Nervensystems, selbst Maße des autonomen Nervensystems verändern sich nicht so stark wie im Wachzustand (Engel 1972). Aber eine Aktivität besteht, und zumindest im REM-Schlaf erscheint diese sowohl nach dem EEG als auch nach autonomen Maßen keineswegs als bloße Dämpfung der Aktivität im Wachzustand, sondern als eigenständiges aktives Gestalten der Wirklichkeit.

Wenn sich im Schlaf und im Traum die Gehirntätigkeit nicht einfach vermindert, sondern verändert, stellt sich die Frage nach dem Sinn dieser Veränderung. Was tun wir im Wachzustand? Wir nehmen über unsere Sinnesorgane wahr und verhalten uns in bezug auf diese Wahrnehmungen zur Befriedigung unserer Bedürfnisse. Die drei auffälligsten Unterschiede beim Übergang vom Wachen zum Schlafen sind: 1. die Reduzierung der Sinneswahrnehmung (wir schließen die Augen), 2. eine sehr starke Einschränkung des offenen Verhaltens, 3. eine deutliche Veränderung des Bewußtseins, das ruht, während unser Erleben aktiv bleibt.

Ein gewisses Abschotten nach außen, ein stärkerer Bezug nach innen, bei gleichzeitig veränderter Informationsverarbeitung: Es liegt nahe, im Schlaf insgesamt und im Traum im besonderen eine Beschäftigung mit der inneren Welt zu vermuten, eine Integration des im Wachzustand Erlebten in die bestehende psychische Organisation und Geschichte und eine Veränderung dieser psychischen Struktur unter dem Einfluß des Erlebten. »Nicht verarbeitete und störende Information wird immer wieder abgerufen und erneut bearbeitet.« (Moser & von Zeppelin, 1996).

So wird es auch in der Traumtheorie von Koukkou & Lehmann (1980) vertreten, dort noch mit dem Zusatz, daß im Traum neue Erlebnisse mit alten Denkweisen und Arbeitsweisen aus früheren Organisationsstrukturen des Gehirns verarbeitet werden, die im Wachzustand längst abgelöst sind durch das rationale, abstrakte Denken, nämlich mit nicht rationalen, bildhaften Denkstrukturen der Kindheit. Auch alte Erinnerungen werden träumend im Licht des neuen Erlebens nochmals bearbeitet und in die immerwährende kognitive Umstrukturierung neu integriert.

Das Vorherrschen von bildhaften Eindrücken im Traum und die Art ihres Veränderns und Assoziierens läßt allerdings an eine veränderte Art der Informationsverarbeitung denken. Vielleicht sehen sich die Strukturen des Gehirns, die mit dem Aufbau von Wirklichkeit, dem Aufbau der inneren Welt beschäftigt sind, im Traum aber einfach großen Schwierigkeiten gegenüber, denen sie mit Mitteln zu begegnen versuchen, die durchaus den im Wachzustand verwendeten gleichen. Die Ereignisse, die wir im Wachen wahrnehmen, folgen den Regelmäßigkeiten der physikalischen Welt. Wenn im Schlaf nun aber mehr oder weniger unverbundenes Material aus dem Gedächtnis bildhaft verarbeitet wird, sei es aus dem Tageserleben oder aus weit zurückliegenden Erinnerungen, muß sich das auf die Kontinuität des Wirklichkeitsaufbaus auswirken. Das Erleben wird bizarrer und sprunghafter sein müssen, wenn es solche Informationseingänge einbinden will.

Eine Integration physiologischer und psychischer Fakten zum Traum kann den früheren Versuchen von Seligman & Yellen (1987) sowie Hobson & McCarley (1977) bzw. Hobson & Stickgold (1995) folgen. Dabei wird von Nervenimpulsen ausgegangen, die während des REM-Schlafs vom Hirnstamm aus erfolgen und eine punktuell abwechselnde Stimulation des Großhirns bewirken. (Eine Studie von Conduit, Bruck & Coleman [1997] zeigte, daß diese Stimulation auch während des non-REM-Schlafs durch äußere Stimuli provozierbar ist.) Das Gehirn versucht, diese Hirnstammimpulse und die von ihnen ausgelösten Aktivitäten sensorischer und motorischer Nervenzellen sinnvoll zu integrieren, wozu auch das Gedächtnis des Schlafenden mit den zahlreichen dort gespeicherten Bildern und Vorstellungen herangezogen wird. Die Hirnstammimpulse führen auch zu körperlichen Reaktionen, die ebenfalls in den Traum eingearbeitet werden. So wäre beispielsweise ein sexueller Traum die *Folge* einer inneren Stimulation der Geschlechtsorgane während des REM-Schlafs, in dessen Verlauf das Gehirn aus Erinnerungsresten und Kombinatorik einen Sinngehalt dazubastelt, um die von ihm wahrgenommene sexuelle Erregung zu erklären. Auch Stimulation von außen kann so in den Traum eingearbeitet werden.

REM-Schlaf hat seinen größten relativen und absoluten Anteil am Gesamtschlaf in den ersten Lebensjahren – und hier besonders beim Neugeborenen. Im weiteren Lebensalter nimmt er fortwährend ab. Es ist zu vermuten, daß diese innere Stimulation des Gehirns und des Körpers während des REM-Schlafs bei der Entwicklung, Reifung und Ausdifferenzierung des Nervensystems und vielleicht auch der Körperorgane eine Rolle spielt. Was tagsüber durch Sinneseindrücke und motorische Aktion geschieht, könnte so während des Schlafs in konzentrierter und abgestimmter Form durch die gezielte Stimulation von Hirnzentren während des REM-Schlafs erfolgen.

Diese Stimulation aus dem Stammhirn macht sich im EEG durch kurze episodische Ausbrüche während des REM-Schlafs bemerkbar. Ausbrüche von wenigen Sekunden Dauer wechseln mit Zeiten relativer Ruhe ab, die bis etwa 2 Minuten andauern können. Weckt man Schläfer während eines solchen Hirnstamm-Ausbruchs, berichten sie in fast allen Fällen von sehr ursprünglich empfundenen visuellen Erlebnissen – und nur etwa ein Zehntel von ihnen in einer Art und Weise, die mehr wie eine gedankliche Verarbeitung solcher Erfahrungen anmutet. Weckt man die Schläfer aber während der Zeit relativer REM-Ruhe, dann ist das Verhältnis fast genau umgekehrt. Seligman & Yellen sind ähnlich Hobson & McCarley der Meinung, daß durch elektrische Impulse aus dem Stammhirn, die in das Großhirn abgehen, visuelle Halluzinationen erzeugt werden. Diese Halluzinationen, die man sich als sehr klare und eindringliche Bilder vorstellen kann, sind untereinander keineswegs verbunden und führen ihrerseits zu emotionalen Ausbrüchen.

Die Bilder werden als erste Reaktion des Großhirns auf die erfahrenen Stammhirnimpulse zu betrachten sein. Ein Hirnareal wird stimuliert – und das Großhirn sucht sich ein Bild dazu, versucht für diese innere Stimulation etwas ähnliches wie bei der Stimulation durch die Sinneseingänge im Wachen herzustellen.

60

Im Frontalhirn werden dann die visuellen Halluzinationen untereinander und mit den Gefühlsausbrüchen verknüpft. Ein Traum bildet sich danach aus drei Bausteinen:

1. Visuelle Halluzinationen: Die Stimulation von sensorischen und motorischen Arealen, vielleicht auch die direkte Stimulation von Gedächtnisinhalten, kann sie assoziativ auslösen.
2. Gefühlsbäder, die sowohl von diesen Halluzinationen als auch von den folgenden gedanklichen Verknüpfungen beeinflußt werden.
3. Kognitive Verknüpfungen, die das Vorgegebene verbinden, ausmalen (auch durch die Konstruktion von Zwischenszenen) und einen Sinn hineinlegen.

Visuelle Halluzinationen und Gefühlsausbrüche bilden das Skelett, die gedankliche Verknüpfung, das Fleisch des Traumes.

Eine Folgerung aus diesen Vorstellungen ist die Existenz von zwei Arten von Traumbildern: Aus den Hirnstamm-Ausbrüchen stammen sehr klare, detaillierte und wenig miteinander verbundene Einzelbilder oder kurze Szenen. Die gedankliche Synthese stopft dann sozusagen die Löcher und liefert die weniger klaren und detaillierten, aber sinnhaft aufeinander abgestimmten Teile des Traums. Welche Qualität der Traum haben wird, ob Alptraum oder mehr ein Glückserlebnis, ist demzufolge von den vorgegebenen automatischen Bildern, den davon ausgelösten Gefühlen und vor allem von der gedanklichen Synthese abhängig, die sicherlich wiederum von der allgemeinen Stimmung, den Tageserlebnissen und ausgelösten Erinnerungen beeinflußt werden kann.

Die Sprunghaftigkeit von Träumen und ihre oft fehlende Rationalität kann mit dem Aussetzen von Kontrollfunktionen während des Schlafs erklärt werden. Vielleicht ist das aber gar nicht nötig. Wie würde wohl im Wachzustand Wirklichkeit konstruiert, wenn sich die visuelle Wahrnehmung so verhalten würde wie die Abfolge der unverbundenen inneren Bilder im Traum?

In diese Traumtheorie lassen sich auch noch andere Vorstellungen problemlos einbauen. So zeigt die Studie von Foulkes (1982), daß junge Kinder eher in Bildern als in Filmen träumen und wesentlich weniger Einzelheiten als Erwachsene berichten. Die kognitive Entwicklung wäre hier also noch nicht fortgeschritten genug, um Szenen so flüssig und stimmig auszuarbeiten wie bei Erwachsenen. Die Hirnstamm-Ausbrüche bzw. die mit diesen Ausbrüchen verbundenen Bilder und Gefühle stehen noch relativ unverbunden nebeneinander.

Wenn Träume durch einen automatischen inneren Prozeß zustande kommen, folgt daraus nicht, daß sie für den träumenden Menschen keine Bedeutung haben müssen. Die durch das Stammhirn ausgelösten Bilder mögen zwar im wesentlichen ohne Sinn sein – ihre Verarbeitung und Integration durch das Großhirn ist es aber sicher nicht. Es ist naheliegend, daß Tageserfahrungen oder weiter zurückliegende Erinnerungen zum Stopfen der Lücken und zur Herstellung des fließenden Traumgeschehens verwendet werden. So werden alte Erinnerungen oder erst kürzlich gemachte Erfahrungen, meist in verfremdeter Form, nochmals durchlebt und weiterverarbeitet. Das kann durchaus auch einer Auslese gemachter Erfahrungen dienen, oder Tageserlebnisse können durch ein Nachspielen im Traum unter neuen Aspekten betrachtet und bewertet werden.

Aber nicht nur bereits Erlebtes kann im Traum neu überdacht werden. Interessant ist auch die Vorstellung, daß Träume eine Art Trainingsfeld für das Gehirn darstellen können, daß wir im Traum die Erlebnisse des Tages weiterdenken und uns durch eine Art nächtliches Probehandeln auf die Erfordernisse des Tages vorbereiten. Die spontan auftauchenden inneren Bilder der Stammhirn-Ausbrüche könnten dabei wie ein Gerüst für die Gestaltung von herausfordernden Szenerien genutzt werden. Auch wenn Träume eigentlich andere Ursachen haben, geht ihr Nutzen doch weit über diese hinaus.

Träume bieten eine ausgezeichnete Gelegenheit, sich mit sich selbst, seinen Gefühlen und Wünschen und seinen Problemen zu beschäftigen. Anderen gegenüber, beispielsweise einem Psychotherapeuten, bleibt so immer noch ein gewisser Abstand, eine nötige Unverantwortlichkeit, die das Sprechen über innerste Regungen erleichtert. Auch bietet der Traum einen *Gegenstand*, etwas Konkretes, an dem die sprachliche Beschäftigung sehr viel besser ansetzen kann als an den sehr viel flüssigeren, flüchtigeren Gedanken, Gefühlen, Bedürfnissen, an die man eigentlich herankommen möchte.

Halluzinationen

»*Wer allein ist, ist auch im Geheimnis,*
immer steht er in der Bilder Flut.«
Gottfried Benn, Wer allein ist, 1936

Wahrnehmungen und Imaginationen haben eine über weite Strecken gemeinsame neurologische Grundlage (siehe S. 20). Wahrscheinlich im präfrontalen Kortex ist eine Instanz angesiedelt, die Wahrnehmung und Imagination auseinanderhält. Möglicherweise handelt es sich einfach um das Wissen um den Ursprung einer bestimmten neurologischen Aktivität: Werden als Ursprungsort Sinnesorgane identifiziert, dann wird die Aktivität als Wahrnehmung eingestuft; sind als Ursprung Vorstellungen bekannt, dann wird sie als Imagination klassifiziert und zur Unterscheidung entsprechend markiert.

Bei der Schizophrenie liegt offenbar ein Defekt dieser Unterscheidungsfähigkeit vor: Innere Bilder oder Selbstverbalisationen werden nicht als solche erkannt und ihr Ursprung deshalb fälschlich nach außen verlagert (Frith & Dolan 1996, 1997; McGuire und Mitarbeiter 1996b). Wir sprechen dann von Halluzinationen. Halluzination meint also die irrige Zuschreibung innerer Bilder oder innerer Rede auf Quellen außerhalb der eigenen Person.

Zwar sind Halluzinationen bei Schizophrenie oder unter Drogeneinwirkung die bekanntesten, sie werden aber auch unter einer Vielzahl von anderen Umständen beschrieben (siehe Siegel 1998). Nach Fragebogenerhebungen hat etwa ein Drittel der Menschen mindestens ein halluzinatorisches Erlebnis gehabt. Unter Extremsituationen treten Halluzinationen sehr häufig auf: sei es nun bei Schiffbrüchigen, Isolationsgefangenen, Menschen unmittelbar nach schweren Unfällen, während starker Entbehrungen von Trinken, Essen, Schlaf, sei es im Fieberdelirium; auch aus der Meditation werden Halluzinationen berichtet.

Zum Teil handelt es sich offenbar um Kompensationsversuche psychischer Natur, um Wunscherfüllungen, manchmal um verblüffende Wiederaufnahmen der imaginären Gefährten von Kindern. In den Medien oft mit esoterischen Hintergründen verbunden, bestaunt oder als bloße Einbildung abgetan – so bei den Nah-Todeserfahrungen oder beim Channeling, dem Reden mit den Geistern Verstorbener, bei den UFO-Entführungen oder beim Empfinden der Anwesenheit von Engeln –, handelt es sich bei Halluzinationen doch immer um innere Realität.

Halluzinationen sollten denn auch immer ernst genommen werden, und nicht nur als »Symptom«, sondern als zumindest subjektive Wirklichkeit. Und wieviel wissen wir wirklich von der Welt? Eine wissenschaftliche Weltsicht, die den »bloßen« Glauben ausschließt, sollte sich eben deshalb ihrer selbst nicht zu gewiß sein, sondern immer ein gehöriges Maß an Unwägbarkeit zulassen. Auch wenn ich selbst nicht an die außerpsychische Realität beispielsweise von Erscheinungen Verstorbener glaube, so muß ich doch Menschen, die solche berichten, nicht abwerten, sondern kann solche Ansichten einfach stehen lassen.

In früheren Zeitaltern waren Halluzinationen bewegende kreative Kräfte der Menschen, so in den Mysterien des Altertums. Heute werden sie schamhaft verschwiegen oder stehen als Symptombeschreibungen in Krankenakten. Aus der Vielzahl möglicher Auftretensweisen von Halluzinationen sollen im folgenden nur wenige betrachtet werden. Als gut lesbare weitere Einführung kann Siegel (1998) dienen.

Erscheinungen von Verstorbenen

Siegel (1998) berichtet über einen Mann, der regelmäßig Besuch von seiner Tochter bekam. Ins wirkliche Leben getreten war sie nie, sondern bereits geboren worden »auf der anderen Seite«, denn sie und ihre Mutter waren während der Schwangerschaft gestorben. Nun wäre die Tochter, »Star«, drei Jahre alt, sie besuchte ihn regelmäßig, wurde älter wie er, und sie redeten und spielten zusammen.

Aus vielen Berichten geht hervor, daß die Geister Verstorbener einige Zeit so etwas wie die imaginären Begleiter von Kindern werden können. Manchmal tauchen sie aber auch nur ein einziges Mal auf, vielleicht nur eine blasse Erscheinung, vielleicht aber auch so klar und gegenwärtig wie der ehemals lebende Mensch.

In der Trauer nach dem Verlust geliebter Menschen sind solche Erscheinungen am häufigsten. »Professionell« werden Geister Verstorbener von Medien beschworen. Natürlich muß das hinter spontanen Erscheinungen zurückbleiben, die den Abschied vielleicht etwas erleichtern und noch Offengebliebenes zwischen dem Verstorbenen und dem Hinterbliebenen zu klären vermögen.

Solche Erscheinungen zeigen: Wir haben innere Bilder geliebter Menschen in uns. Unter extremen Umständen, wie dem Tod der wirklichen Person, können diese heraustreten und eine Zeitlang wie lebendig sein.

Drogenvisionen

Die Kellnerin geht vorüber, trägt Essen aus. Hannes steigt der Duft in die Nase. Er schnuppert zufrieden. Er hat schon bestellt und wartet nun. Es muß laut sein, Mittagszeit eben. Hannes lacht und fragt, wie ich das gemacht habe. Ich frage: Was gemacht? Na, unter der Hand sei mir doch gerade eine Maus hervorgekrochen und über den Tisch verschwunden. Ein guter Trick, meine ich auch. Aber langsam wird Hannes unruhig. Das Essen kommt und kommt nicht. Er will aufstehen, denn er müsse nun endlich zur Arbeit. Mühsam halte ich ihn zurück. Er läßt sich einige Male bitten, wird aber mißtrauisch, mustert mich immer wieder aus den Augenwinkeln. Als seinen alten Freund hatte er mich vorher bezeichnet – aber wer eigentlich bin ich? *Ich* muß nicht zur Arbeit, ich *bin* bei der Arbeit, halte Sitzwache bei einem Patienten im Prädelirium, ein Alkoholiker im stationären Entzug. Das Zimmer ist kahl. Wenn es riecht, dann bestimmt nicht nach Braten. Mitternacht ist lang schon vorbei.

Bei Alkoholikern können Halluzinationen während des Entzugs vorkommen, wie das obige Beispiel zeigt. Unter Drogeneinwirkung sind Halluzinationen häufig. Einfache Formen bestehen aus geometrischen Gebilden wie Tunneln oder Gittern. Sie können von Komplexen überlagert werden, die überwiegend aus Erinnerungsbildern stammen oder von solchen gespeist werden (Siegel 1998). Wie im Traum ist die rationale Kontrolle weitgehend ausgeschaltet, so daß sich fantastische Arrangements ergeben können.

Nach Halluzinationen unter Drogeneinwirkung (Halluzinogenen) sind auch Flashbacks möglich, die spontane Rückkehr früherer Halluzinationen, meist nur Fragmente davon. Üblicherweise ereignet sich das in den ersten Tagen, manchmal noch Wochen und Monate, sehr selten auch noch Jahre nach einem Trip. Offenbar sind Flashbacks psychologisch zu verstehen, da weder zurückbleibende Stoffwechselprodukte noch pathologische Hirnveränderungen bekannt sind (Siegel 1998). Sie können durch Umweltbedingungen oder spezielle Reize wie zur Zeit der ursprünglichen Halluzination ausgelöst werden. Die meisten Flashbacks sind harmlos, manche können aber auch sehr angsterregend sein. Es kann sich um Schnappschüsse von 1–2 Sekunden Dauer oder um Filme von bis zu einer Stunde Dauer handeln. Im Laufe der Zeit werden sie kürzer und seltener und verschwinden schließlich ganz.

Hypnagoge Halluzinationen

Etwa ein Viertel der Menschen mit Narkolepsie, einer Krankheit, die durch übermäßige Müdigkeit am Tage gekennzeichnet ist, kennt auch das Auftreten von hypnagogen Halluzinationen. Dabei handelt es sich um lebhafte Halluzinationen vor Schlafbeginn, die sehr ängstigend wirken können. Dies vor allem, wenn gleichzeitig, wie oft der Fall, eine Schlafparalyse besteht: Der Betroffene will vor den ängstigenden Halluzinationen fliehen und merkt, daß er sich nicht bewegen kann. Die Art der Halluzinationen ist von der betroffenen Person abhängig. Häufig handelt es sich um alptraumartige Szenen. Viele Narkoleptiker haben dabei durchaus den Eindruck der Realität. Sie meinen beispielsweise, Geräusche oder Beobachtungen kämen von Einbrechern. Es kommt auch zu Störungen des Körpergefühls, zum (fantasierten) Verschwinden eigener Gliedmaßen, zu Schwebegefühlen und anderem. Die Halluzinationen können 1–15 Minuten dauern und sehr selten oder fast jede Nacht auftreten. Sie werden anscheinend durch die bei Narkoleptikern sehr schnell, noch vor dem endgültigen Einschlafen einsetzende REM-Schlaf-Aktivität hervorgerufen (Roffwarg 1979).

Auch bei »Normalen« können solche Halluzinationen mit dem Gefühl unheimlichster Wirklichkeit vorkommen, im Dämmerzustand kurz vor dem Einschlafen oder unmittelbar nach dem Erwachen. Eine eindrückliche Beschreibung liefert Siegel (1998). Häufig ist die Halluzination auch hier verbunden mit Schlafparalyse (wie sie im REM-Schlaf besteht). Hyperventilation kann zu einem Gefühl von Beengung und Schwere führen sowie die Sauerstoffversorgung des Gehirns herabsetzen, was eine übertriebene Hörschärfe sowie sexuelle Erregung hervorrufen kann. Das vegetative Nervensystem kann die Herztätigkeit verändern, über eine Veränderung der Haut-temperatur und des Hautwiderstands auch Prickelgefühl und Kälte-empfindung hervorrufen. So kann die Summe der Veränderungen verbunden mit der Muskellähmung zu starken Ängsten führen und Halluzinationen provozieren, die durch die geschärfte Hörempfin-dung real wirken. Aus der Literatur ist der Nachtmahr bekannt, der Schrecken der Nacht, empfunden als Gestalt, die über einem hockt und einem die Luft abschnürt. Er ist eine Deutung dessen, was tatsächlich erlebt wird (Siegel 1998).

Erotische Bilder

Innere Bilder können sich während des erotischen Erlebens einstellen. Die Art der Bilder ist sehr unterschiedlich; so können es durchaus auch Naturbilder sein, die für sich genommen nicht erotisch getönt sind.

Bilder können therapeutisch deshalb auch zur Steigerung der ero-tischen Empfindung eingesetzt werden. Dazu gilt es immer, sie indi-viduell zu erfragen bzw. einzustellen. Eine Arbeit von Leedes (1999) zeigt, daß Imaginationen umgekehrt auch erfolgreich zur Reduktion überbordender sexueller Fantasien und zur Förderung der zwischen-menschlichen Beziehung nutzbar sind.

Aufgedeckte Erinnerungen

Ein heikles Thema sind innere Bilder in Form von Kindheitserinne-rungen aus psychotherapeutischen Behandlungen. Unter Hypnose wurden Mißbrauchserlebnisse aus der Kindheit berichtet, die bisher »verdrängt« und erst durch die hypnotische Rückführung aufgedeckt worden seien. Dramatische Fälle gingen durch die Medien. Es kam zu Gegendarstellungen und Verdächtigungen von Psychotherapeuten mit dem Vorwurf der Produktion falscher Erinnerungen.

Zwei Fragen sind zentral: 1. Können dramatische Erlebnisse wie ein sexueller Mißbrauch verdrängt werden? Das Konzept der Verdrängung ist umstritten. 2. Ist es möglich, daß Erinnerungen falsch sind? Wie steht es um den Realitätsgehalt gerade von Kindheitserinnerungen?

Porter, Yuille & Lehman (1999) führten eine Studie über die zweite Fragestellung durch. Ein Fragebogen wurde von den Eltern der

77 Teilnehmer ausgefüllt, der Informationen über das Vorliegen oder Nichtvorliegen von sechs markant negativen Kindheitserlebnissen bei den Teilnehmern erhob (beispielsweise schwere Angriffe von Tieren). Dann wurden mit den Teilnehmern Rückführungsversuche durchgeführt, bei denen sie zwei solche Erlebnisse entdecken sollten. Ihnen wurde gesagt, ihre Eltern hätten die Realität beider Erlebnisse angegeben. Tatsächlich war das nur bei einem der Fall, das zweite war erfunden. In insgesamt drei Sitzungen wurde versucht, mit Rückführungen das real nicht stattgefundene Erlebnis »wieder« zu erinnern. Anschließend wurden die Teilnehmer befragt, wie gut es ihnen gelungen sei. 26 Prozent der Teilnehmer hatten das komplette Gedächtnis »wiedergefunden«, weitere 30 Prozent erinnerten immerhin Aspekte des nicht stattgefundenen Ereignisses. Tatsächliche und falsche Erinnerungen unterschieden sich allerdings auf verschiedenen Dimensionen (so bei der Überzeugtheit, Lebendigkeit, Kohärenz, bei empfundenem Streß, beim Bericht von Einzelheiten).

Ergänzt wird dieser Befund durch Berichte, die zeigen, daß Menschen nach der Imagination von Kindheitserlebnissen häufig davon überzeugt sind, so etwas erst kürzlich erlebt zu haben (»Imagination Inflation«). Paddock und Mitarbeiter (1998) konnten das nur für junge Erwachsene bestätigen, nicht für Erwachsene mittleren Alters – es ist aber ein Phänomen, das zumindest bei einigen Menschen vorkommt und bei Aussagen über den Realitätsgehalt von Erinnerungen nach Imaginationen zu berücksichtigen ist.

Falsche Erinnerungen können also von außen provoziert werden. Wenn die therapeutische Situation entsprechend gestaltet ist und negative Einstellungen gegen die Eltern bestehen, ist leicht vorstellbar, daß diese, solchermaßen emotional unterstützt, wie echte Erinnerungen wirken können. Inneren Bildern, provoziert oder nicht, entsprechen innere Wahrheiten. Von inneren Bildern oder inneren Wahrheiten aber auf die äußere Wirklichkeit zu schließen ist ohne konkrete Zusatzinformationen einfach unzulässig. Das ist ein Kurzschluß, wie er in der Therapie nicht geschehen sollte. Brandon und Mitarbeiter (1998) gehen davon aus, daß aufgedeckte Erinnerungen falsch sind, wenn lange Perioden von »Amnesie« bestehen und außerordentliche Mittel zur Aufdeckung verwendet wurden.

Eine geschichtlich orientierte Darstellung unter anderem der Entstehung des Konzepts des Kindesmißbrauchs findet sich in Hacking

(1996), was bestürzend darlegt, wie psychische Notlagen in der Art ihrer Ausprägung oftmals gesellschaftlichen Entwicklungen oder sogar fachspezifischen Diskussionen folgen, von der Hysterie bis zur multiplen Persönlichkeit.

Es ist nicht auszuschließen, sondern durchaus wahrscheinlich, daß manche der aufgedeckten und nun verdächtigten Mißbrauchserinnerungen zutreffen. Der einige Zeit unreflektierte Umgang mit aufgedeckten Erinnerungen setzt nun auch diese Menschen und jede Arbeit zur Wiedergewinnung von Kindheitserinnerungen zahlreichen Verdächtigungen aus.

Bilder in der Sprache

> *»Ältere Sprache befördert ein komplexeres Verstehen als neuere, technisch ange-*
> *paßte. Sie ist einfach reicher, nicht unbedingt im Vokabular, sondern reicher*
> *in der ›Vernetzung‹ des Verstehens. Besitzt mehr ›Anklang‹, wie Heidegger*
> *sagen würde.«*
> Botho Strauss, Beginnlosigkeit, 1992

Wenn wir unsere Sprache durchforsten, dann finden wir sehr häufig Metaphern. Das können gleichnisähnliche Bilder oder Andeutungen davon sein – wie der Ausdruck »durchforsten« im oberen Satz, in dem die Sprache mit einem Wald verglichen wird und unsere Betrachtung mit dem Rundgang eines Försters. Nach Ansicht der Metaphernforschung wären bereits Sätze wie »Er ist in heller Aufregung« metaphorisch zu verstehen (Baldauf 1997). Gefühle werden danach wie Gegenstände betrachtet, *in* denen Menschen sein können, etwa angelehnt an ein Bild vom Typ »Er ist *in* der Küche«. Auch das »hell« des Satzes kann metaphorisch verstanden werden, etwa als Hinweis auf Feuer.

Eigentlich interessant an der Metapherndiskussion ist aber eine Behauptung und eine Kritik. Lakoff & Johnson nannten 1980 in ihrer wegweisenden Arbeit zur Metapher die Wichtigkeit der Erfahrung. Danach werden in Metaphern abstraktere, schwer faßbare Sachverhalte durch erfahrungsnähere, konkrete, oft bildhafte Ausdrücke und Sachverhalte charakterisiert. So gäbe es in der Sprache zwei Konzepttypen, einmal die unmittelbare Erfahrung, beispielsweise wie oben »Er ist in der Küche«, und zum zweiten die metaphorische Übertragung, beispielsweise: »Er ist in heller Aufregung.«

In unserer Sprache, so der Ansatz, gibt es eine Anzahl von Metaphernkonzepten, aus denen etwa gleichartige Metaphern abgeleitet werden, beispielsweise (nach Baldauf 1997): Abstrakta sind Dinge (»Er möchte die Dinge selbst in die Hand nehmen«), Zeit ist ein Raum oder ein Behälter (»bis in unsere Gegenwart hinein«), Emotionen sind Behälter (»Er fällt wieder in die Depression zurück«), Abstrakta sind Personen (»Sein Ruf war ihm vorausgeeilt«), viel ist hoch oder groß (»hohe Schulden«), Zunahme ist Aufwärtsbewegung (»steigende Kriminalität«), Verringerung ist Abwärtsbewegung (»sein Leistungsabfall«).

Ein Einwand ist naheliegend und führt tiefer in unser Thema: Kriegsmetaphern werden beispielsweise häufig verwendet, wenn es um die Darstellung und Charakterisierung von Diskussionen geht. Mit Diskussionen haben aber sehr viele Menschen direkte Erfahrungen, mit Krieg weniger. Wenn nun behauptet wird, daß Metaphern eher erfahrungsferne Sachverhalte durch erfahrungsnähere erklären sollen, wäre eigentlich eher Krieg durch Metaphern der Diskussion zu erklären und nicht umgekehrt. Lakoff & Johnson berichtigen ihre Position nach diesem Einwand derart, daß sie zugestehen: Erfahrungen, die für Metaphern verwendet werden, müssen nicht selbst gemacht werden, sondern lassen sich auch aus der kulturellen Überlieferung heranziehen. Neben Metaphern aus direkter gibt es also auch solche aus indirekter Erfahrung.

Vielleicht ist es sinnvoller, hier eine *Destillation* am Werke zu sehen. Wenn früh im Spracherwerb alle Tiere mit »Wauwau« bezeichnet werden und sich erst später in die verschiedenen Arten aufspalten, so gibt es doch auch umgekehrte Entwicklungen: Erst sind da viele Einzelerscheinungen, nach und nach wird etwas Gemeinsames darunter erkannt. Nach der Aufspaltung des »Wauwau« stehen die Tiere nebeneinander – dann entwickeln sich wieder übergreifende Konzepte wie »Vögel« oder »Säugetiere«. Ähnlich dürfte es auch bei der Metapher sein: Eine Vielzahl menschlicher Tätigkeiten wird direkt oder indirekt erlebt. In manchen davon wird etwas Gemeinsames entdeckt, das Gegeneinander, die Auseinandersetzung, das Ziehen und Zerren – und eine Metapher entsteht, die sich als Bild für das viele Unterschiedliche einfach eines davon heraussucht, und nicht zufällig irgendeines, sondern eben das klarste, eindrücklichste davon. Entscheidend ist, ob das Bild eindrücklich und nicht, ob die zugrundeliegende Erfahrung direkt oder indirekt ist. Die Grunderfahrung der Auseinandersetzung findet sich überall; ein klares Bild dazu ist der Kampf. Metaphern verweisen auf innere Bilder.

Jeder Mensch baut sich so aus seinen Erfahrungen ein System innerer Bilder auf, kürzt Erfahrungen formelhaft ab, faßt sie zusammen und erhält sie durch die meist stärkere Bildhaftigkeit der Metapher dennoch lebendig. Erfahrungen resultieren in solchen inneren Bildern – neue Erfahrungen werden vor diesem Hintergrund gemacht und interpretiert. Wir erhalten aus dieser inneren Bilderwelt einen Überschuß an Information zu allem, was wir erfahren, sowie eine Betonung bestimmter Aspekte davon – und wir zeigen diese Welt in uns in der Metapher der geronnenen Sprache.

In allen Sprachen werden dabei die gleichen zugrundeliegenden Strukturen menschlicher Weltkonstruktion berücksichtigt. Steffenson, Goetz & Cheng (1999) ließen chinesische Studenten in den USA einen Text entweder auf Englisch oder auf Chinesisch lesen und fanden, daß die hervorgerufenen Imaginationen und die Emotionalität in beiden Sprachen gleich war. Auch noch so unterschiedlich aufgebaute Sprachen bilden so einen ununterscheidbar guten Zugang zu den gleichen inneren Bildern und Gefühlen.

Sprachbilder drücken Gefühle wesentlich stärker aus als nichtbildhafte Aussagen, sie erleichtern den Zugang zu den Gefühlen hinter dem Gesagten (Seithe 1997). Neben den zum Allgemeingut der Sprache gehörenden Bildern formulieren wir dauernd auch neue und individuelle – und gerade dann am eindrücklichsten, wenn unser Erleben emotional bewegt ist.

Werbung

»Die Werbefachleute haben mit naturwissenschaftlicher Methode herausge-
funden, daß es verfehlt ist, mit Vernunftgründen an das zu umwerbende Publi-
kum heranzutreten. Es empfiehlt sich vielmehr, die tiefen, gefühlsmäßigen, ja
sogar die unterbewußten Schichten der menschlichen Seele anzusprechen.«
Konrad Lorenz, Der Abbau des Menschlichen, 1983

Worauf zielt Werbung? Auf den Verkauf eines Produkts, sei es eine
Sache oder eine Idee. Wie tut sie das? Indem sie etwas verspricht. Was
sie verspricht, darüber befragt, lächeln die jungen, schönen Gesichter
auf Plakatwand und Bildschirm: »So sein wie wir.« Überall so viele
junge schöne Gesichter! Sogar die Alten sind jung. »Kein Ding wagt
sich mehr ohne Gesicht auf die Plakatwand.« (Macho 1996).

Wir haben ein inneres Bild von uns selbst und unserer Lebens-
situation. Wir nehmen das Lächeln der Frühstücksbutterwerbung
dazu, die Fröhlichkeit von Coca Cola, die Energie eines Autos: Es
wäre eine Verbesserung. Wir verbinden es mit unserem inneren Bild
durch das mögliche Gemeinsame: Es ist das in der Werbung benutzte
Produkt. Viel in unserer Welt ist rationaler geworden (damit nicht
unbedingt schöner), aber die magischen Praktiken der Traumzeit
dauern immer noch und ungebrochen in uns fort: Über ein Gleiches
werden zwei Dinge miteinander verbunden, Besprengen des Bodens
mit Wasser beschwört die Wolken zu regnen. Über die Werbung, die
danach arbeitet, beginnt die Traumzeit wieder lauter in uns zu
werden.

»Der deutsche Durchschnittsjugendliche hat bis zu seinem
20. Lebensjahr heute z. B. bereits mehr als 20 000 Fernsehwerbespots
zu sehen bekommen und entwickelt bis zum 13. Lebensjahr das ausgeprägte Markenbewußtsein, das diese Altersgruppe zum milliarden-
schweren und entsprechend umworbenen Verbraucherreservoir hat
werden lassen.« (Schmidt 1996). Ein wesentlicher Faktor bei der
Gestaltung des Selbstbilds ist heute die Werbung.

Hieß es früher, daß Werbung zunehmend Bedürfnisse erst herstellt, so sollte dies besser korrigiert werden: Eigentlich gab es immer
nur *ein* Bedürfnis, an dem die Werbung ansetzen konnte: das Bedürfnis nach einem positiven inneren Selbstbild. Werbung nutzt den
Spalt, der zwischen den angebotenen Idealbildern und der Wirklich-

keit besteht, sie läßt ihn spüren, aber doch nicht zu groß werden, sondern optimal für eine größtmögliche Motivation, ihn zu schließen.

Daß Imagination von Rauchen bei Rauchern Rauchdrang auslöst, und zwar vergleichbar stark wie beobachtetes Rauchen, zeigten Drobes & Tiffany (1997). Vorstellungen, wie sie durch die Bilder der Werbung in uns angestoßen werden, wirken auf unser tatsächliches Verhalten.

Werbung ist nie rational. Wenn sie es – gelegentlich – vorgibt, ist es ein Zuspruch zu einem anderen Bild in uns: dem rationalen, mündigen, aufgeklärten, vernünftigen »Bürger«: einer Idee, einer Fiktion. Es ist ein Zuspruch an unseren Wunsch, so zu sein oder uns selbst als solcher bestätigt zu wissen.

Wenn Werbung Konsumartikel anbietet, kaufen wir sie oder auch nicht. Zunehmend aber hat sich die Werbung ausgeweitet. Gewerkschaften und Arbeitgeberverbände werben auf Plakatwänden für ihre jeweilige Politik. Politiker beauftragen Werbeinstitute mit der Durchführung von Kampagnen für die nächste Wahl, für ihren neuen Krieg oder für eine spezielle Entscheidung der Sozialpolitik. Sozialverbände werben für Gerechtigkeit und um Geld für Projekte auf der Erde (der »Dritten Welt«, von der Sonne aus gesehen).

Wir kaufen uns – oder unser inneres Bild von uns – nicht nur jünger und schöner, wir kaufen und wählen es nach den Angeboten der Werbung auch besser, gerechter, sozialer. Aber da ist immer ein klein wenig Unzufriedenheit durch den Vergleich unseres Selbstbilds mit den Bildern der Werbung. Wieviel schöner und freier und besser könnten wir immer noch sein!

Innere Bilder in den psychotherapeutischen Schulen

»Dem Arzt Diokles sagte ein Schüler, er habe sich ein Medizinbuch gekauft und bedürfe keiner Unterweisung. Darauf der Arzt: ›Bücher enthalten allein für Wissende lebendige, für Unwissende aber nur tote Lehren.‹«
Aus dem Gnomologium Vaticanum (14. Jahrhundert); Diokles von Karystos auf Euböa lebte vor etwa 2400 Jahren.

Das Erleben und die Auseinandersetzung mit Erlebtem findet in hohem Maße über innere Bilder statt und ist über innere Bilder veränderbar. Innere Bilder konstituieren unsere Persönlichkeit und unsere Charakterzüge, unsere Bewertung der eigenen Eigenschaften und vieles mehr. Dies alles ist therapeutisch in hohem Maße relevant. Fast alle psychotherapeutischen Schulen haben deshalb bewußt oder implizit die Beschäftigung mit inneren Bildern in ihr Repertoire aufgenommen.

Strenggenommen finden sich innere Bilder dabei in allem, was mit Vorstellung zu tun hat, also auch in Rollenspielen (beispielsweise im Psychodrama), in der Auseinandersetzung mit Erinnerungen oder Plänen, überhaupt in jeder Auseinandersetzung mit sich selbst, der Umgebung und den Beziehungen zwischen beiden. Vorstellungen sind alles, was wir haben. Wenn wir die Überlegungen im Gefolge der Studien von Libet akzeptieren (siehe S. 164), sind sogar unsere Wahrnehmung und unser gesamtes anscheinend so unmittelbares Erleben eine Vorstellung, eine innere Simulation.

In den folgenden Darstellungen der Verwendung von Imaginationen in verschiedenen Schulen der Psychotherapie soll der Begriff jedoch enger gefaßt und auf den expliziten Einsatz gedanklicher Vorstellungen beschränkt werden. Am Beispiel der Gestalttherapie wird also nicht der bekannte »Schleudersitz« als Vorstellungsübung interpretiert, auch wenn hier unter anderem rollenspielartig Vorstellungen über andere Personen geäußert werden, wohl aber beispielsweise Übungen, bei denen in inneren Vorstellungsbildern die Position anderer Personen oder von Tieren übernommen wird.

Die Psychoanalyse nach Freud wird nicht behandelt, weil Vorstellungsbilder bei dieser nur implizit auftauchen: Auch wenn der Analysand seine Erinnerungen und Assoziationen vorwiegend über innere Bilder schöpft, wird die Auseinandersetzung mit diesen inneren Bildern doch nicht direkt angegangen, werden keine Techniken zur Arbeit mit inneren Bildern verwendet. Die Tiefenpsychologie nach Jung hat mit der »Aktiven Imagination« dagegen eine explizite Umgangsweise mit inneren Bildern entwickelt; diese wird im folgenden deshalb dargestellt.

Die Charakterisierung der Therapieverfahren muß sich in engen Grenzen halten. Wesentlich für unser Thema ist ihre Arbeit mit inneren Bildern. Diese wird dargestellt, ihre Einbettung in die einzelnen Verfahren dabei zumindest umrissen. Die theoretische Verankerung wird weniger breit ausgeführt, Wert dagegen auf das praktische Vorgehen gelegt, und hier besonders auf explizite Techniken zur Arbeit mit inneren Bildern. Übertragungen in andere Rahmen und Therapiezusammenhänge schienen mir fast immer problemlos und unbedenklich möglich; sie sollen durch diese Vorgehensweise auch für den Leser erleichtert werden.

Im folgenden also die Darstellung der Arbeit mit Imaginationen in verschiedenen Verfahren der Psychotherapie. Wir beginnen mit der ältesten und zumindest historisch einflußreichsten Methode, der *Aktiven Imagination* nach Jung.

Aktive Imagination

»Die Libido ist nie anders faßbar als in einer bestimmten Form, *das heißt,* sie ist identisch mit Phantasiebildern. *Und wir können sie nur dadurch aus dem Unbewußten wieder befreien, daß wir die ihr entsprechenden Phantasiebilder heraufholen. Deshalb geben wir in einem solchen Falle dem Unbewußten Gelegenheit, seine Phantasien an die Oberfläche gelangen zu lassen.«*
C. G. Jung, Die Beziehungen zwischen dem Ich und dem Unbewußten, 1933

Carl Gustav Jung (1875–1961) entwickelte im Selbstversuch eine Technik zur aktiven Auseinandersetzung mit inneren Bildern. Darstellungen der Methode sind über sein Werk verstreut. Eine ausführliche geschlossene Darstellung sowie eine Sammlung dieser Literaturstellen wurde 1978 von A. N. Ammann veröffentlicht.

Am 12. Dezember 1913 begann Jung mit der Erkundung seiner persönlichen Imaginationen, offenbar ohne eine Traditionslinie zu sehen, als Pionier in einem völligen Neuanfang. Er bezeichnet den Weg zu seinen Imaginationen als ein »Hinunterfallenlassen« oder als »Hinabstieg« ins Unbewußte. Die Auseinandersetzung mit den inneren Bildern und die Gespräche mit einigen der Figuren in seinen Imaginationen beschreibt Jung als entscheidend:

»Die Jahre, in denen ich den inneren Bildern nachging, waren die wichtigste Zeit meines Lebens, in der sich alles Wesentliche entschied. Damals begann es, und die späteren Einzelheiten sind nur Ergänzungen und Verdeutlichungen. Meine gesamte spätere Tätigkeit bestand darin, das auszuarbeiten, was in jenen Jahren aus dem Unbewußten aufgebrochen war und mich zunächst überflutete. Es war der Urstoff für ein Lebenswerk.« (Jaffé, A.: Erinnerungen, Träume, Gedanken von C. G. Jung; zitiert nach Ammann 1978).

Die sich bei der aktiven Imagination manifestierende Vorstellung wird ganz wie ein Traum als Ausdruck des Unbewußten verstanden. Im Vergleich zum Traum zeichnen sich die Bilder der aktiven Imagination dadurch aus, daß sie weniger sprunghaft, einheitlicher, konzentrierter, oft auch dramatischer sind.

Zuerst werden Außeneinflüsse soweit wie möglich reduziert. Dann kann beispielsweise eine Traumszene erinnert werden, oder es taucht ein ganz anderes inneres Bild auf. Zunächst wird es einfach betrachtet. Wenn sich das Bild zu verändern beginnt (was regelmäßig geschieht), geht der Imaginierende hinein, wird zur Person im früheren Traum oder der ganz neuen Szenerie. Er kann dann mit auftauchenden Personen reden oder die Landschaft weiter erkunden.

Jung schreibt dazu: »Worauf es vor allem ankommt, ist die Unterscheidung zwischen dem Bewußtsein und den Inhalten des Unbewußten. Diese muß man sozusagen isolieren, und das geschieht am leichtesten, indem man sie personifiziert und dann vom Bewußtsein her einen Kontakt mit ihnen herstellt. Nur so kann man ihnen die Macht entziehen, die sie sonst auf das Bewußtsein ausüben.« (Erinnerungen, S. 189 f.) Jung geht es darum, jedes einzelne Bild rational zu verstehen und im Leben bewußt zu realisieren. Nicht verstandene und verwirklichte (also nicht integrierte) Bilder beschwören ihm zufolge negative Wirkungen des Unbewußten herauf.

Wichtig ist deshalb nicht nur das Erleben, sondern das Festhalten des Erlebens, um es verstehen zu können. In der aktiven Imagination wird deshalb möglichst immer mitgeschrieben, zumindest das Erlebte nach der Imagination schriftlich festgehalten. Auch sollte in der Imagination nicht nur wahrgenommen und erlitten, sondern auch gehandelt werden. Bereits die Bewußtwerdung des Fantasiebildes (des Unbewußten) befreit psychische Energie und bereitet eine Auflösung der autonomen Komplexe vor. Schon das Gespräch zwischen dem Ich und den inneren Personen, den Personifikationen des Unbewußten, hilft zur Integration des Unbewußten ins Bewußtsein.

Jung meint, eine gewisse Ichstärke sei nötig, denn in der aktiven Imagination wird das Bewußtsein und sein bändigender Einfluß auf das Unbewußte geschwächt. Das Ich erscheint als Gestalt in der Landschaft des Unwußten wie eine Insel im Meer. Seine Abhängigkeiten und Beschränktheiten können erkannt werden. Auch dem Unbewußten soll so eine Gelegenheit gegeben werden, das Bewußtsein zu analysieren. Die gesehenen Bilder können gezeichnet, gemalt, modelliert oder getanzt werden. Das geschöpfte Material wird tiefenpsychologisch bearbeitet.

Lebende Personen (beispielsweise Familienangehörige) sollen nicht in die aktive Imagination eingebracht werden. Das eigene Ich sollte eben als dieses auftreten und sich nicht durch eine Fantasiegestalt vertreten lassen. Was ihm in der Imagination begegnet, soll dem Imaginierenden selbst geschehen. Vom Therapeuten vorgegebene Bilder oder Szenen gibt es in der aktiven Imagination nicht, ebenso keine vorherige Entspannung – wohl aber ein »Leermachen« für die Bilder. Kein Ziel ist vorhanden, keine Technik des Führens, lediglich die Konzentration auf das Bild oder die Szene, das Hineingehen und Geschehenlassen (auch das aktive Geschehenlassen durch Fragen oder Handeln).

Der Therapeut hört aber nicht nur zu, sondern kann auch eigene Vorstellungen entwickeln und damit die Weiterentwicklung der Bilder des Imaginierenden anregen. Der Therapeut hat Geburtshelferfunktion. Er kann fragen: »Was tun Sie jetzt?« »Was gibt es für Möglichkeiten?« Er kann auch bestätigen: »Das ist aber eine interessante Lösung!« Zauberei gilt in der aktiven Imagination nicht als Lösung: magische Problemlösungen läßt der Therapeut nicht zu. Alle Entscheidungen muß der Imaginierende selbst treffen.

Die aktive Imagination wird innerhalb der Tiefenanalyse nach Jung bei schon erfahrenen Analysanden eingesetzt, wenn die Analyse in die Tiefe gehen soll. Sie fördert dort einen intensiven Kontakt mit dem Unbewußten und den Archetypen. Sie fördert auch die Selbständigkeit und Unabhängigkeit des Analysanden vom Analytiker, kann also auch eingeführt werden, wenn die Analyse eine Zeitlang ohne Analytiker auskommen muß. Kreativität und schöpferisches Wirken werden durch die aktive Imagination gefördert.

Wie wichtig und fruchtbar Bilder und Personen aus der aktiven Imagination für den Imaginierenden werden können, zeigt am besten das Beispiel von Jung selbst. Nach seinen ersten Selbstversuchen mit der aktiven Imagination 1913 traf er in diesem Reich der Bilder einen Alten (»Elias«), mit dem er längere Gespräche führte und aus dem sich später »Philemon« entwickelte, ein alter Mann mit Stierhörnern. Jung schreibt in seinen »Erinnerungen«: »Philemon und andere Phantasiegestalten brachten mir die entscheidende Erkenntnis, daß es Dinge in der Seele gibt, die nicht ich mache, sondern die sich selber machen und ihr eigenes Leben haben. Philemon stellte eine Kraft dar, die ich nicht war. Ich führte Phantasiegespräche mit ihm, und er sprach Dinge aus, die ich nicht bewußt gedacht hatte. Ich nahm genau wahr, daß er es war, der redete, und nicht ich. Er erklärte mir, daß ich mit den Gedanken so umginge, als hätte ich sie selbst erzeugt, während sie nach seiner Ansicht eigenes Leben besäßen wie Tiere im Walde, oder Menschen in einem Zimmer, oder wie ein Vogel in der Luft [...]. So brachte er mir allmählich die psychische Objektivität, die ›Wirklichkeit der Seele‹ bei ...«

Das Unbewußte wird in der aktiven Imagination durchaus als schöpferische Kraft verstanden – aber als eine Kraft, die es zu zähmen gilt. Die Inhalte des Unbewußten sollen festgestellt und ins Bewußtsein integriert werden. Das ist in der aktiven Imagination möglich, weil das Unbewußte hier eine Gelegenheit erhält, sich zu personifizieren, und so für eine Auseinandersetzung zur Verfügung steht.

Die Bedeutung Jungs für die Entwicklung von Imaginationstechniken ist zentral. Wohl alle Anwender haben direkt oder indirekt von seinen Erkundungen Anregungen erhalten. Wahrscheinlich stand die Einbindung in die Tiefenpsychologie einer direkten Verbreitung des Jungschen Ansatzes entscheidend im Wege: Imaginationstechniken mit einem offeneren methodischen Hintergrund haben heute einen sehr viel größeren Bekanntheitsgrad, obschon sie fast alle mehr oder weniger offensichtlich von Jung beeinflußt sind.

Gelenkter Wachtraum nach Desoille

Als sehr einflußreich bei der Entwicklung der Imaginationstechniken in der Psychotherapie gilt Robert Desoille. Obwohl eigentlich nur noch historisch interessant, soll seine Methode hier dennoch skizziert werden. Durch den Vergleich des gelenkten Wachtraums nach Desoille mit den Ansätzen von C. G. Jung (Aktive Imagination) und Hanscarl Leuner (Katathym-imaginative Psychotherapie) läßt sich so ein Eindruck von der Spannbreite tiefenpsychologisch oder psychoanalytisch orientierter Vorgehensweisen der Arbeit mit inneren Bildern gewinnen.

Desoille berichtete 1931 in einer Zeitschrift über seine Methode des »gelenkten Wachtraums«. 1938 und 1945 erschienen zwei Bücher zu diesem Thema.

Der Erlebende entspannt, stellt sich dann ein bestimmtes Bild, eine Umgebung vor und bewegt sich in dieser, spricht und agiert mit den auftretenden Personen. Er soll alles aufnehmen, ohne zu beurteilen und ohne zu zensieren. Dabei achtet er auf seine Gefühle. Der Therapeut ermutigt ihn dazu, begleitet ihn dabei und unterstützt ihn. So kann er ihm bei der Begegnung mit Monstern Waffen oder Zaubermittel zuspielen.

Den Ablauf bestimmt der Erlebende. Desoille hat jedoch einige Bilder entwickelt, die vorgegeben werden können. Dem psychoanalytischen Hintergrund Desoilles entsprechend finden sich folgende Einstiegsbilder:

1. Ein Schwert (für Männer) oder ein Gefäß (für Frauen) zur Auseinandersetzung mit der eigenen Person.
2. Ins Meer tauchen, zur Auseinandersetzung mit unterdrückten Eigenschaften.
3. In einen Keller steigen und dort einer Hexe (Männer) oder einem Magier (Frauen) begegnen zur Auseinandersetzung mit der Beziehung zum gegengeschlechtlichen Elternteil.

4. In einen Keller steigen und dort einer Hexe (Frauen) oder einem Magier (Männer) begegnen zur Auseinandersetzung mit der Beziehung zum gleichgeschlechtlichen Elternteil.
5. In einen Keller steigen und dort einen Drachen oder ein Monster treffen zur Auseinandersetzung mit gesellschaftlichen Zwängen.
6. Im Wald ein Schloß mit einer schlafenden Schönen entdecken zur Auseinandersetzung mit dem Ödipuskomplex.

Katathym-imaginative Psychotherapie

Die katathym-imaginative Psychotherapie wurde von Hanscarl Leuner (1919–1996) ab 1948 entwickelt und verbreitet, lange Zeit unter dem Namen »katathymes Bilderleben« (im Englischen »guided affective imagery«). »Kata« (griechisch) bedeutet »gemäß, abhängig von«, »thymos« bedeutet »Seele« und wurde von Leuner für Emotionalität verwendet. »Katathym« soll die Abhängigkeit von Emotionen bezeichnen.

Leuner stellt sein Verfahren in die Tradition der europäischen Tiefenpsychologie. Inhalte des Tagtraums, der Leuner zufolge nach ähnlichen Gesetzen wie ein Nachttraum verläuft, werden als symbolische Darstellungen von unbewußten Konflikten betrachtet. Leuner sieht deshalb auch eine Nähe zu projektiven Testverfahren wie dem Rorschach oder dem TAT, in denen von außen bildhaftes Material vorgegeben wird, dessen Deutung Rückschlüsse auf den Deutenden zulassen soll.

In der katathym-imaginativen Psychotherapie wird der Patient durch kurze Anfangsinstruktionen (Grundmotive) vom Therapeuten zu tagtraumartigen Imaginationen angeregt und berichtet diese sofort so, wie sie aufsteigen. Der Therapeut kann Einfluß auf die Imaginationsinhalte nehmen und ihren Verlauf strukturieren. Für diese Einflußnahme gibt es Gestaltungsregeln, Regieprinzipien. Suggestionen sollen dabei vermieden werden. Da die Interaktion als therapeutisch sehr wichtig betrachtet wird, wird empfohlen, daß der Patient nicht allein zu Hause üben soll.

Es gibt eine Grund-, eine Mittel- und eine Oberstufe der katathym-imaginativen Psychotherapie. Diese unterscheiden sich weniger durch die grundsätzliche Vorgehensweise als durch die Motive, die den Imaginierenden vorgegeben werden. In der Grundstufe sind Wiese, Bach, Berg, Haus und Waldrand eigenständige Motive. Diese haben sich am weitesten verbreitet, reichen nach Auffassung von Leuner für eine Therapie meistens schon aus. Wir wollen uns daher mit dieser Grundstufe beschäftigen.

Der Patient (Leuner und die meisten seiner Schüler sind Ärzte) liegt nach einer tiefenpsychologisch fundierten Anamnesestunde entspannt auf einem Sofa oder sitzt bequem in einem Sessel. Der Therapeut sitzt in einem Stuhl parallel links neben ihm. Licht wird abgedunkelt, für Ruhe gesorgt.

Die Imagination wird mit einer kurzen Entspannung begonnen, zu der ein beliebiges Entspannungsverfahren verwendet werden kann. In der ersten Stunde schließt sich als Überleitung von der Anamnese zur Therapie der »Blumentest« an: Der Patient wird gebeten die Augen zu schließen und sich eine Blume vorzustellen. Er soll dann mit geschlossenen Augen berichten. Der Therapeut fragt nach Einzelheiten zu Farbe, Blütenkelch usw. Leuner legt dabei wie überhaupt grundsätzlich Wert darauf, nie ein »Sehen« anzusprechen, sondern ein »Vorstellen«, um Enttäuschungen des Patienten zu vermeiden, wenn die Imagination dem Sehen nicht gleichkommt. Zum Abschluß der Imagination bittet der Therapeut den Patienten, tief Atem zu holen und die Augen zu öffnen. Der Blumentest bereitet den Patienten in wohltuend-entspannender Weise auf die Art der Therapie vor, die vom Therapeuten anschließend erklärt wird. Damit ist die erste Stunde zu Ende.

In der zweiten und den folgenden Stunden werden die verschiedenen Motive der Grundstufe behandelt. Das erste Motiv ist die *Wiese*. Sie wird bewußt nur vage vorgegeben, etwa mit den Worten: »Versuchen Sie doch bitte einmal, sich eine Wiese vorzustellen.« Wenn sich beim Patienten statt der Wiese ein anderer Inhalt einstellt, wird durchaus dieser behandelt – die ganze katathym-imaginative Arbeit sollte zwanglos und gewährend sein.

Sobald der Patient berichtet, wird nach Einzelheiten und Stimmung gefragt. Die augenblickliche Stimmung zeigt sich am besten im Wetter. Die Jahreszeit in der Vorstellungsweise kann Hinweise auf eine Grundstimmung geben, wenn sie von der realen Jahreszeit abweicht. Ein direktes Eingreifen des Therapeuten ist möglich (beispielsweise einen umgrenzenden Zaun übersteigen lassen oder – bei sehr depressiven Bildern – ein anderes, positiv getöntes Land vorstellen lassen); es wird aber davor gewarnt, daß dieses Widerstände provozieren kann und oft erstaunlich erfolglos ist (nach dem Überwinden des Zauns treten nur weitere Hindernisse auf). Der Eigendynamik der Bilder zu folgen sei günstiger, als eine Änderung zu erzwingen. Irgendwann wird die Entspannung zurückgenommen, und eine kurze Nachbesprechung über die Empfindungen des Imaginierenden erfolgt.

Der Therapeut bemüht sich, den Patienten zu einer gründlichen Erforschung des jeweiligen Motivs anzuleiten. Am Beispiel der Wiese fragt er nach der Jahreszeit, dem Wetter, nach Blumen, Gras, Tieren, nach Umgrenzung und Fernblick. Er animiert dazu, Dinge aus der Nähe zu betrachten und Details zu berichten. Er animiert zur Betrachtung der Wiese in ihrer Einbettung in ein größeres Gebiet, und er fragt auch direkt nach der Stimmung des Erlebenden auf dieser Wiese und danach, was er hier gern tun würde.

Deutungen durch den Therapeuten werden weitgehend vermieden, sie würden der Symbolik der Bilder nicht gerecht, die immer eine mehrdeutige ist, sprachlich aber leicht in ein Eindeutiges verengt wird. Das katathyme Bilderleben wird als Erlebnistherapie verstanden. Auch der Patient soll die Bilder nicht vorschnell interpretieren, sondern sie kommen lassen und mitgehen. So kann eine zwar langsamere, aber tiefere und umfassendere Selbstinterpretation der symbolischen Inhalte durch den Patienten erfolgen. Erfahrene Therapeuten können nach Leuner aber durchaus neben der Strukturierung eine Fokussierung kognitiver Inhalte vornehmen.

Als Standardmotive bietet die katathym-imaginative Psychotherapie dem Patienten folgende Bilder an:

1. *Die Wiese*. Sie kann Bühne für die Projektion aktueller Konflikte sein, aber auch als Beginn des Tagtraums zur Einführung der anderen Motive genutzt werden.
2. *Der Bach*. Er wird entweder stromaufwärts zur Quelle oder stromabwärts zum Meer hin verfolgt.
3. *Der Berg*. Er wird erst aus der Ferne betrachtet und dann bestiegen. Von seinem Gipfel erfolgt dann ein Rundblick über das Land.
4. *Das Haus*. Es wird betreten und erkundet.

5. *Der Waldrand.* Von der Wiese aus wird das Dunkel des Waldes betrachtet. Aus dem Wald sollen dann Gestalten ins Helle heraustreten.

Der *Bach* wird gleich nach der *Wiese* oder in der Stunde darauf eingeführt. Der Imaginierende wird gebeten, sich von der Wiese ausgehend nach einem Bach umzusehen und diesem entweder bis zur Quelle oder zum Meer zu folgen. Die Fragen des Therapeuten beziehen sich auf den Bach: wie groß oder klein er ist, wie schnell er fließt, wie sauber das Wasser ist, wie das Ufer aussieht und was dort wächst. Auch die Frage, was der Erlebende am Wasser gern tun würde, wird wieder gestellt. Es wird vorgeschlagen, das Wasser zu kosten, sein Gesicht damit zu netzen, schmerzende Körperstellen einzureiben. Sogar ein Staudamm für ein Bad kann vorgeschlagen werden. Die Richtung zur Quelle (nach Leuner Symbol für »Mutter Erde«) gilt in der ersten Phase der Therapie als die leichtere. Bei der Verfolgung bachabwärts zum Meer (nach Leuner »zum Unbewußten«) treten meist Verhinderungen auf, die Konflikte symbolisieren und deren Bearbeitung im späteren Lauf der Therapie wesentlich wird. Bei sehr langem Bachlauf kann die Reise mit einem Kahn erfolgen. Am Meer angekommen, kann darin ein Bad angeregt werden.

Der *Berg* kann zunächst aus der Ferne genau betrachtet und beschrieben werden. Dann wird er von der Wiese aus bestiegen. Der Erlebende wird gebeten, einen Pfad zu suchen, auf den Berg zu steigen und den Rundblick dort oben zu genießen. Dann erfolgt der Abstieg. Die Wanderung endet auf der Wiese, die wieder beschrieben wird, mit Blick auf mögliche Veränderungen zur Situation vor der Bergersteigung. Hier wie in allen Änderungen von Bildszenen zeigen sich die Fortschritte der Therapie. Interessant für die Therapie sind Fragen wie: Was für ein Berg wird beschrieben (klein, groß, bewaldet, Fels, Eis), wie verläuft der Weg (schwierig, leicht, gefährlich), wie ist der Ausblick (fruchtbares Land, öde, welche Jahreszeit: Es wird angenommen, der Ausblick schweife über die »katathyme Seelenlandschaft« des Erlebenden). Wie alle Motive wird der Berg nicht nur in einer Stunde eingestellt, sondern im Verlauf der Therapie immer wieder. Sehr bedeutsam sind dabei Änderungen des Berges, des Aufstiegs oder des Rundblicks im Verlauf der Therapie. Das Bergmotiv gilt als sehr wichtig, da es unter anderem eine gute Gelegenheit zur Auseinandersetzung mit Konkurrenz- und Leistungsproblemen bietet.

Das *Haus* gilt als Motiv, in dem sich eine Darstellung der eigenen Person oder von Teilen von ihr vollziehen kann. Eigene Wünsche, Vorlieben, Abwehrhaltungen und Ängste werden in das Haus projiziert. Der Erlebende sollte mit der Methode schon gut vertraut sein, wenn das Haus eingestellt wird. Der Erlebende wird in der Anleitung gebeten, sich ein Haus vorzustellen, ohne daß dieses näher bezeichnet würde. Erst wird es von außen beschrieben, auch der Garten, wenn einer vorhanden ist. Der Therapeut fragt ausdrücklich, woran das Haus den Erlebenden erinnert. Außen wie innen wird das Haus gründlich erkundet. Truhen und Schränke werden geöffnet und der Inhalt untersucht. Den Beobachtungen zufolge treten im Haus selten Personen auf. Wenn das dennoch der Fall ist, spräche das für eine starke (eventuell zu starke) Bindung des Erlebenden an diese bzw. an die realen Personen, welche sie repräsentieren.

Ein *Blick in das Dunkel des Waldes* ist das letzte Motiv der Grundstufe. Der Erlebende wird gebeten, sich von der Wiese aus nach einem Wald umzusehen und in dessen Nähe zu gehen. Mit dem Motiv kann auch begonnen werden, wenn der Erlebende in einer Stunde zufällig auf einen Wald stößt und der Zeitpunkt therapeutisch günstig erscheint (so auch beim *Haus*). Der Erlebene soll etwa 10 bis 20 Meter vom Waldrand entfernt stehen bleiben und in das Dunkel des Waldinneren schauen. Er soll nicht in den Wald hineingehen, auch wenn er selbst das möchte. Der Therapeut sagt voraus, daß wahrscheinlich eine Gestalt, Tier oder Mensch, aus dem Wald hervortreten wird. Der Erlebende wartet darauf, beobachtet und berichtet. Falls er Angst verspürt, kann ihm ein Busch oder etwas ähnliches zum Verbergen angeboten werden. Dieses Motiv sollte erst spät im Verlauf einer Therapie eingesetzt werden. Der Wald gilt als Symbol für das Unbewußte. Heraustretende Gestalten verkörpern (meist symbolisch über Tiere) Bezugspersonen des Patienten oder unbewußte Verhaltenstendenzen und Einstellungen, manchmal auch ein Stück »nicht gelebten Lebens«. Diese nach Auffassung der katathymimaginativen Psychotherapie verdrängten und von der Person abgespaltenen Tendenzen oder Symbolgestalten sollen durch das Heraustreten ins Licht bewußt gemacht und integriert werden: Die Gestalten werden betrachtet und beschrieben, der Erlebende nähert sich Tieren, streichelt sie später vielleicht.

Dies verweist auf die beiden Regieprinzipien der Grundstufe der katathym-imaginativen Psychotherapie: 1. Nähren und Anreichern, 2. Versöhnen und zärtliches Umfangen. Der Therapeut nimmt über sie Einfluß auf den Ablauf des Erlebens. Er rät dazu, Gestalten, die aus dem Waldrand treten oder in anderen Motiven begegnen, zu füttern bzw. ihnen Essen anzubieten, gibt Ratschläge, was dazu angemessen sei (erstes Regieprinzip). Die Symbolfigur werde in der Regel bald satt, lege sich hin. Der Erlebende könne sich dann auch gefährlich oder feindlich wirkenden Gestalten nähern und sie streicheln (zweites Regieprinzip).

Das Gespräch zwischen Therapeut und Patient außerhalb des Bilderlebens nimmt etwa ein Drittel der Zeit ein. Nach dem Erleben wird kaum über dessen Inhalte gesprochen; die meisten Patienten bekommen aber die Aufgabe, zu Hause ein Protokoll des Tagtraums zu schreiben. Dieses wird in der nächsten Stunde vom Therapeuten vorgelesen, nach Begrüßung und Besprechung der aktuellen Situation des Patienten, vor dem neuen Tagtraum. Der Therapeut fragt nach, ob der Erlebende zu Einzelheiten des Tagtraums Einfälle und Assoziationen zu seinem Problem hat.

Die Länge des Tagtraums wird mit 20 bis 40 Minuten angegeben, sie kann auch darunter liegen, die Dauer der Therapie beträgt meist 20 bis 25 Stunden, bei ein bis zwei Stunden pro Woche. Der Therapeut führt während des Tagtraums kein Protokoll, um sich auf den Patienten konzentrieren zu können, statt dessen läßt er einen Recorder mitlaufen. Der Tonträger kann dann für das Protokoll dem Patienten mitgegeben werden.

Der Führungsstil des Therapeuten soll freundlich, zurückhaltend, schützend, interessiert, nicht drängend und konfrontativ, sondern gewährend sein. Er regt an, rät auch manchmal ab (zu kühnes Klettern am Berg). Pro Sitzung sollte nur an einem Motiv gearbeitet werden. Das Motiv kann bei Zeitmangel auch abgebrochen und in der nächsten Stunde wieder aufgenommen werden. Die Reihenfolge der Motive ist dabei nicht starr. Neue Motive werden möglichst organisch im Verlauf eines Tagtraums eingebracht. Magische Hilfen werden nicht angeboten. Der Tagtraum führt am Ende der Stunde am besten wieder zum Anfangspunkt zurück, sofern er nicht beispielsweise bei der Verfolgung des Bachlaufs abgebrochen und in der nächsten Stunde weitergeführt werden muß.

Der Erlebende wird nicht angehalten, unbedingt bei den Standardmotiven zu bleiben. Wenn er eigene Wege im Tagtraum findet, begleitet ihn der Therapeut. Es können auch reale Situationen eingestellt werden, phobische Situationen wie Lampenfieber vor einer Rede beispielsweise. Die Situation wird genau betrachtet und beschrieben, erst auf Distanz gehalten, dann nähert man sich langsam. Es müssen aber nicht immer unbedingt Konflikte oder andere Probleme bearbeitet werden. Das Ausleben von Wünschen oder eine Entspannung durch konfliktfreie Bildszenen wird ausdrücklich zugelassen, weil auch hierin ein großes therapeutisches Potential gesehen wird.

Gestalttherapie

>*Zuerst blickst du durch ein Fenster und dann erkennst du plötzlich, daß du bloß in einen Spiegel schaust.*«
Frederick S. Perls, Gestalt-Therapie in Aktion, 1969

Frederick S. Perls (1893–1970) begründete in den 1940er Jahren diese humanistisch orientierte Schule der Psychotherapie. Wichtige Ziele in ihr sind Wachstum und Selbstverwirklichung, Gewahrsein der eigenen Bedürfnisse und der Umgebung, gegenwartsbezogenes Erleben, echte zwischenmenschliche Beziehungen und Selbstverantwortung. Menschliche Probleme liegen nach der Gestalttherapie in Anlehnung an die Gestalttheorie in unabgeschlossenen Bedürfnis-, Affekt- und Empfindungsfiguren begründet, mit denen man sich deshalb auseinandersetzen sollte. Entfremdung soll durch Erleben, Bewußtwerden und Integration abgespaltener Persönlichkeitsteile aufgehoben werden. Die Methode ist ganzheitlich ausgerichtet, das Körpererleben wird genauso einbezogen wie der Geist, wie Empfindungen, Handlungen und Beziehungen. Wichtig ist es, mit den Dingen in uns und den Dingen um uns herum in Kontakt zu treten.

Viele Techniken der Gestalttherapie sind über sie hinaus bekannt geworden. Perls selbst hielt nicht viel davon: »Einer der Einwände, die ich gegen manche Leute habe, die sich Gestalttherapeut nennen, ist, daß sie Techniken anwenden. Eine Technik ist ein Trick. Ein Trick sollte nur im äußersten Notfall angewendet werden.« (Perls 1969). Wichtiger ist das lebendige Agieren im Augenblick. Dennoch haben natürlich auch in der Gestalttherapie Techniken ihre Berechtigung: Dialoge zwischen verschiedenen Seiten der eigenen Person werden durchgeführt, unwillkommene Verhaltensweisen übertrieben dargestellt oder ins Gegenteil verkehrt, auch der motorische oder verbale Ausdruck wird versuchsweise geändert und dabei oft auf die Spitze getrieben, Rollenspiele, Wahrnehmungsübungen und Imaginationen werden durchgeführt.

Letztere können in der Gestalttherapie verwendet werden, um:

1. an Widerstände heranzukommen oder sich ängstigende Dinge und Situationen in eher kontrollierter und abgeschwächter Form vorzustellen, als in der Realität,

2. Kontakt mit einer unerreichbaren Person oder unerledigten Situation aufzunehmen, beispielsweise mit einem verstorbenen Elternteil, einem verzogenen und entfremdeten Freund,

3. unbekanntes Gebiet zu erforschen,

4. neue oder bislang unbekannte Aspekte des Selbst zu erkunden.

Dabei wird beispielsweise eine fremde Person oder ein eigener Persönlichkeitsanteil imaginiert und mit ihm geredet. Ein verstorbener Elternteil kann verabschiedet werden. Die augenblickliche oder eine befürchtete Situation wird vorgestellt und in der Vorstellung weiterentwickelt. Das kann zur Erkundung der eigenen Gefühle, aber auch zur Vorbereitung auf tatsächliches Handeln geschehen. Im Durchspielen von bevorstehenden Ereignissen wird mehr Sicherheit gewonnen, die zu einem selbstbewußteren und gelasseneren Auftreten führt. Imaginationen gewinnen so den Charakter von Probehandlungen. Auch den Träumen – der Gestalttherapie zufolge abgespaltene und entfremdete Teile der Person, die Botschaften und Ratschläge an sich selbst enthalten – kann man sich durch ein Nachspielen in der Vorstellung nähern. Dabei läßt der Therapeut den Imaginierenden unter anderem verschiedene Gestalten des Traumes spielen und aus deren Perspektive den Traum betrachten.

Wichtig sind der Gestalttherapie die Imaginationen in ihrer Beziehung zur wirklichen Welt. Wenn die Imagination vom Leben abgespalten wird – ein Vorstellen einer Zukunft, die nie kommt, ein Planen und Sorgen um bloße Wunschbilder –, dann kann sie zur Sackgasse werden, kann Kraft nehmen, statt zu geben, vom Leben wegführen, statt im Leben zu helfen. Das Vorstellen von inneren Bildern sollte deshalb immer in der Ich- und Gegenwartsform geschehen, auch wenn es vergangene Ereignisse betrifft. Einige spezielle Übungen der Gestalttherapie, die mit inneren Bildern arbeiten, werden im folgenden beschrieben (nach Stevens 1975):

Wandern und Verweilen: Innere Bilder vorüberziehen lassen, dabei auf die Geschwindigkeit der Bewegung achten. Nach einiger Zeit das Tempo der Wahrnehmung beschleunigen, dann verlangsamen, dabei auf den Unterschied achten. Darauf achten, bei welchen Bildern man länger verweilen möchte, welche man schneller vorbeiziehen lassen möchte. Dies umkehren: wo man verweilen möchte, schnell vorübergehen, wo man vorübergehen möchte, verweilen. Auf das Fließen der Wahrnehmung achten, ob ein Muster erkennbar wird, ob Bestimmtes immer wiederkehrt.

Prozesse sehen: Den inneren Bildern folgen: sie aber nicht als Objekte, sondern als Prozesse wahrnehmen. Also beispielsweise nicht »den Wind«, sondern »wehen« empfinden, nicht »den Bach«, sondern »fließen«, nicht »den Vogel«, sondern »singen«.

Körperempfindung: In der Vorstellung den eigenen Körper durchgehen: Was kann ich mir gut vorstellen, womit bin ich in Kontakt, womit nicht? Wo empfinde ich Behagen, wo Unbehagen?

Vergleichen: Sich in der Wirklichkeit umsehen, alles wahrnehmen. Dann die Augen schließen und einen Ort imaginieren, vielleicht nacheinander mehrere Orte. Die Empfindung der Realität mit der Empfindung des vorgestellten Ortes vergleichen.

Identifikation mit einem Gegenstand: Einen Gegenstand genau betrachten. Dann sich vorstellen, dieser Gegenstand ganz zu sein.

Identifikation mit einem Rosenbusch: Erst sich selbst empfinden. Dann die Vorstellung, ein Rosenbusch zu sein. Alles um sich selbst, um den Rosenbusch herum, wahrnehmen und empfinden, und wie es ist, hier als Rosenbusch zu existieren. Diese Übung ist besonders gut, wenn sich mehrere Imaginierende nachher austauschen können. Bei jedem wird der Rosenbusch anders sein. Durch den Vergleich erfährt man etwas über sich selbst.

Umkehrungen: Imaginativ etwas an sich oder am eigenen Alltag umkehren, beispielsweise Geschlecht, Rasse, Alter, Reihenfolge im Ablauf von Alltagsverrichtungen. Verhilft zu mehr Unvoreingenommenheit und befreit damit das Erleben.

Selbstkritik: Die Augen schließen und sich selbst vorstellen, etwa im Spiegel. Dann dieses Bild kritisieren, ihm sagen, was es tun sollte, was schlecht an ihm ist. Währenddessen auch darauf achten, wie es dem Kritisierenden dabei geht. Dann werden die Rollen getauscht: Man schlüpft in die Rolle des Bildes und antwortet dem Kritiker. Wieder auf Tonfall und Gefühl achten. So einige Male hin und her im Rollentausch. Anschließend wird versucht, die beiden Teile von sich selbst, die sich gegenüberstanden, näher zu bestimmen. Wie trat der eine auf, wie der andere? Erinnern sie an bestimmte äußere Personen?

Auf sich selbst hören: »Ich sage zu mir ...«, ist geläufig. Aber: »Ich höre mir zu«? Stevens entwickelt aus dieser Beobachtung folgende Übung: Auf die Gedanken hören, die einem durch den Kopf gehen. Die Gedanken leise nachsprechen, dann lauter, ganz laut, als wären sie an einen anderen gerichtet. An wen könnten sie gerichtet sein? Darauf achten, wie die Stimme klingt, ob die Stimme an jemanden erinnert. Diese Übung kann bei bestehenden Konflikten angewandt werden, um die Positionen klar herauszuarbeiten. Wichtig sind nicht nur die Worte, sondern das ganze Erleben, auch der Ausdruck in Haltung und Stimme.

Vergangenheit begraben: Vergangenheit ist in uns in Form von inneren Bildern, zutreffenden und unzutreffenden. Es kann gut sein, sich mit ihnen zu beschäftigen. An manches erinnern wir uns besonders, weil es unerledigt ist und deshalb noch Energie bindet. Solche Situationen werden vorgestellt und mit dem ganzen Körper empfunden. Dadurch können sie assimiliert und »verdaut« werden und verlieren ihren beunruhigenden Charakter. Auch Aussprachen mit früheren Beziehungspersonen können in der Vorstellung durchgeführt werden. Empfohlen wird immer die Dialogform, nicht ein Monolog.

Verbalisationen: Nach Sätzen in sich forschen, die mit »Ich muß ...« beginnen. Hier nun das »Ich muß« ersetzen durch »Ich will« oder »Ich entscheide mich für«. Entsprechend Sätze mit »Ich brauche« ersetzen durch »Ich hätte gern«. Auf den Unterschied im Erleben achten. Es ist auch möglich, Sätze zu suchen, die mit »Ich fürchte mich vor« beginnen und dies zu ersetzen durch ein »Ich würde gern«. Hintergrund ist dabei, daß vor vielen unserer Wünsche eine Furcht steht und wir das, was wir eigentlich möchten, klarer zu sehen bekommen, wenn wir mit den Befürchtungen arbeiten.

Wahrnehmung des Körpers: Verschiedene Körperteile durch Identifikation ganz empfinden. Die Hände führen einen Dialog. Was sagen sie sich? Bei einer Krankheit sich das Krankheitssymptom vorstellen, es stärker und schwächer werden lassen, darauf achten, wie man das tut. Dann mit dem Symptom identifizieren und als solches zum betroffenen Menschen (sich selbst) reden: Wie tue ich ihm was an? Wieder zum Mensch werden, antworten. Wieder zum Symptom werden und berichten, was der Mensch Gutes durch das Symptom erfährt. So geht der Dialog hin und her. Dann kann das Symptom entsprechend auch zur Umgebung des betroffenen Menschen, zu Familie, Freunden, Arbeitskollegen sprechen. Dann kann die eigene Person das aufgreifen und über die Vor- und Nachteile des Symptoms zur Umgebung sprechen.

Schuldgefühl: Etwas erinnern, das Schuldgefühle verursacht hat. Sich den Menschen genau vorstellen, dem man am wenigsten von der Schuld erzählen würde und dies dann doch in der Vorstellung tun, aufrichtig und direkt. Dann diese andere Person werden und antworten. Immer auf die Gefühle dabei achten.

Geheimnisse: Sich überlegen, was man einer bestimmten Person am allerwenigsten mitteilen würde, um die Beziehung zu ihr nicht zu zerstören. Sich überlegen, was für Vor- und Nachteile das Verschweigen der Geheimnisse bringt. Dann sich die Person vorstellen und ihr die Geheimnisse sagen. Wie reagiert sie?

Fantasiereisen: In einer Fantasiereise können mit vorgegebenen Motiven Identifikationen erlebt werden: mit einer Hütte, einem Bach, einem Baumstumpf, einem Baum, einem Motorrad …

Insel: Sich vorstellen, mit einer bestimmten Person auf einer einsamen Insel zu sein. Was für eine Insel ist es, wie sind Vegetation, Meer, Wetter? Wie verhält sich diese Person dort? Wie entwickelt sich die Beziehung zu ihr? Was unternehmen wir zusammen?

Tier und Gehege: Sich vorstellen, ein Tier zu sehen. Erst aus der Ferne und ungenau, dann immer genauer. Beobachten, wie es aussieht, wie es sich verhält, sich bewegt. Sich dann vorstellen, dieses Tier selbst zu sein, mit seinem Aussehen, seinen Lauten, seinen Verhaltensweisen. Als dieses Tier die Umgebung erkunden. Dann sich vorstellen, dieses Tier in einem Gehege zu sein, das seine Freiheit einengt. Am Gehege zu stehen und mit ihm zu reden, während das Gehege antwortet. Einen Ausweg aus dem Gehege finden, von außen noch einmal das Gehege betrachten und mit ihm reden.

Kokon: Sich vorstellen, in einem Kokon zu sein. Es ist dunkel, der Kokon umgibt einen sicher und sanft. Dann sich aus dem Kokon befreien, ausbrechen und ans Licht des Tages steigen, die Welt zum ersten Mal entdecken.

Wachsen: Sich vorstellen, die linke Hand sei eine Knospe: Sie wächst im steigenden Frühling, entfaltet sich, blüht, erfährt Regen und Sonne und Wind, sie welkt, die Blätter treiben davon, der Samen fällt auf die Erde, zu weiterem Wachstum im Erdreich. Nun ein Samenkorn sein, vielleicht gerade das der gefallenen Blüte. Es beginnt zu sprießen, aufzubrechen, Wurzeln graben sich tiefer, ein Trieb bricht ans Licht der Sonne. Die Pflanze wächst, wird größer, erlebt das Wetter, die Jahreszeiten.

Flamme sein: Sich vorstellen, ein Feuer zu sein, vielleicht eine Kerze, ein Kaminfeuer, ein Lagerfeuer, ein Brand. Sich als Flamme erleben, ihre Ruhe oder Unruhe, ihre Größe, ihr Licht.

Hinter den Übungen steht der Anspruch, Projektionen zu erkennen und abzubauen, die Wirklichkeit sehen zu lernen. Wir schauen umher, wir sehen Gestalten um uns und in uns, die uns fremd oder bekannt sind: aber fast alles davon, alles Meinen und Fühlen dabei, haben wir selbst erst erschaffen. Um es mit den Worten von Fritz Perls zu sagen: »Zuerst blickst du durch ein Fenster und dann erkennst du plötzlich, daß du bloß in einen Spiegel schaust.« (Schlußsatz von Perls 1969).

Systematische Desensibilisierung

>*»Die Welt ist so groß, daß man ihr mit Lohn und Strafe nicht beikommen kann.«*
>Dschuang Dsi (365–290), Das wahre Buch vom südlichen Blütenland

In den 1950er Jahren entwickelte Joseph Wolpe innerhalb der Verhaltenstherapie ein Verfahren, das heute mit einer Kombination von Entspannung und inneren Bildern vor allem zur Beseitigung von Phobien eingesetzt wird (siehe Florin 1978, Revenstorf 1982 und Maercker 2000).

Phobien (oder allgemeiner: unangepaßte Reaktionen) werden dabei als Konditionierungen verstanden. Eine Verbindung einer allgemeinen Situation (großer Höhe bei Höhenangst, Enge bei Platzangst usw.) mit einer Angstreaktion hat stattgefunden, meist wohl durch ein besonders angsterregendes Erlebnis in der Vergangenheit. Immer wenn die Person in die jeweilige Situation gerät, tritt nun die Angstreaktion auf.

Die systematische Desensibilisierung beschäftigt sich nicht mit dem Ursprungserlebnis. Selbst wenn dieses noch identifiziert werden könnte, ist es bedeutungslos, da eine Konditionierung der allgemeinen Situation und der Angstreaktion erfolgt ist, die nun ganz unabhängig vom ursprünglichen Erlebnis besteht. Deshalb setzt die Therapie in der Gegenwart und unmittelbar am bestehenden Problem an.

Als Antagonist zu Angst gilt Entspannung. Beides gleichzeitig kann weder körperlich noch psychisch empfunden werden. Die systematische Desensibilisierung versucht deshalb, an die angstauslösende Situation Entspannung anzubinden, um so die Angstreaktion unmöglich zu machen. Dies geschieht durch eine schrittweise Annäherung an die ängstigende Situation im Zustand der Entspannung.

Auf den Bericht des Klienten über die Phobie oder Angst muß diese zunächst möglich genau erfaßt und beschrieben werden. Werden mehrere Ängste identifiziert, so müssen diese getrennt angegangen werden. Nach der Problemanalyse erhält der Klient eine Einführung in ein Entspannungsverfahren. Dann erfolgt die Aufstellung einer Angsthierarchie. Spezifische Situationen, die die zu behandelnde Angst mehr oder weniger stark auslösen, werden von Therapeut und Klient gemeinsam gesammelt und in eine Rangfolge gebracht. Dabei müssen unter Umständen nicht nur eine, sondern mehrere Angsthierarchien erstellt werden, wenn mehrere relevante Dimensionen von Einflüssen vorliegen (beispielsweise Größe, Entfernung, Rasse des Hundes bei einer Hundephobie). Wenn mehrere Dimensionen identifiziert wurden, werden zur Erstellung der ersten Angsthierarchie alle bis auf eine Dimension konstant gehalten (beispielsweise ein bestimmter Hund, aber in unterschiedlicher Entfernung).

Ein Ruhebild, eine Situation, in der überhaupt keine Angst empfunden wird, erhält den Wert 0. Die Situation, die die stärkste Angst auslöst, wird mit 100 bezeichnet. Die anderen Situationen werden nun nach der Einschätzung des Klienten dazwischen eingestuft. Sie sollen möglichst konkret sein und Alltagssituationen entstammen. Die Abstände zwischen den Angstsituationen sollten dabei möglichst etwa gleich groß sein: dies ist das wichtigste Kriterium für die endgültige Aufnahme in die Angsthierarchie, die etwa 10–15 Situationen enthalten sollte.

Nun kann die Desensibilisierung beginnen. Der Klient entspannt sich. Das Ruhebild (Stufe 0) wird eingestellt. Dann beginnt die Vorstellung der Angstsituation mit dem niedrigsten Punktwert. Wenn dabei Angst auftritt, meldet sich der Klient mit einem vorher vereinbarten Signal (Heben der Hand oder eines Fingers). Dann beendet der Therapeut die Vorstellung und läßt den Klienten sich wieder entspannen. Wenn die Entspannung erreicht ist, geht man zur letzten angstfrei erlebten Situation zurück und durchlebt diese mehrfach. Erst dann wird wieder zur vorher angstauslösenden Situation übergegangen. So schreitet die Therapie über mehrere Sitzungen verteilt von Angstsituation zu Angstsituation vor.

Jede Sitzung wird mit dem Ruhebild beendet, eine neue Sitzung mit der letzten angstfrei erlebten Situation begonnen. Bei ein bis zwei Sitzungen pro Woche werden etwa 10–15 Sitzungen für die Löschung einer einfachen Phobie benötigt. Die Dauer einer Desensibilisierungssitzung variiert in der Literatur von 15 bis zu 140 Minuten. Sie sollte zur Eingewöhnung eher kurz sein, dann an Dauer zunehmen. Zu Beginn der Therapie sollten die Sitzungstermine dicht aufeinander folgen, die letzten Termine aber einen großen Zeitabstand haben, so daß der Klient in der Realität üben kann und sich diese Ergebnisse in den Sitzungen aufgreifen lassen. Die Übertragung in den Alltag gelingt in der Regel gut. Sie kann dann ebenfalls mit therapeutischer Anleitung und ebenfalls schrittweise wie die Annäherung in der Vorstellung erfolgen, oft an diese angelehnt.

Während der Therapie sollte immer wieder geprüft werden, ob die Werte der Situationen in der Angsthierarchie noch gelten. Gegebenenfalls müssen sie korrigiert werden. Wichtig ist es auch zu prüfen, wie gut dem Klienten die Vorstellung der Situation gelingt, ob er die Situation als realistisch einschätzt und wie nahe er sie erleben kann.

Beispielhaft sei das Vorgehen bei einer Höhenangst illustriert. Das Problem ist eine starke Angst beim Ausblick von Höhen, die auch Verhaltenseinschränkungen im Alltag mit sich bringt: Der Klient wohnt an einer Brücke über den Fluß. Auf der anderen Flußseite ist ein Supermarkt, den er trotz der geringen Entfernung zu Fuß nur unter großen Ängsten erreichen kann. Sein neues Büro ist in einem Hochhaus gelegen, hoch oben, mit einer großen Fensterfront, in deren Nähe er sich nicht wagt. Die Herkunft der Phobie konnte nicht geklärt werden, sie bestand seinen Angaben zufolge schon immer, ohne daß ein prägnantes Erlebnis als Quelle zu erinnern war. Das autogene Training ist dem Klienten bekannt. Bei der Angsthierarchie wurden aus der Vielzahl der erinnerten Situationen drei prägnante und in der Praxis später nachvollziehbare ausgewählt und die Angst über die Entfernung vom Abgrund variiert.

100 Außen am Hochhaus auf der schmalen Brüstung vor dem Fenster stehen und hinabschauen.

90 Ganz vorn auf einem Felsvorsprung über dem Fluß stehen, hinabschauen.

80 Über die Brücke gehen, in der Mitte des schmalen Fußgängerübergangs den Blick drehen, in den Fluß hinabschauen.

70 Aus dem Bürofenster hinauslehnen.

60 Dicht am offenen Fenster des Büros stehen, hinausschauen.

50 Von der Mitte des (breiten) Flußfelsens langsam Schritte Richtung Abgrund gehen, den Blick immer am Felshorizont.

40 In der Mitte des Flußfelsens stehen, weit in das Land hinausschauen.

30 Dicht am geschlossenen Fenster des Büros stehen, hinausschauen.

20 Über die Brücke gehen, ganz am Anfang, wenn der Abstand vom Boden noch groß genug zum Springen ist.

15 Ein paar Schritte vor dem Bürofenster stehen und hinausschauen.

10 Den Fußgängeraufstieg zur Brücke hinter sich haben, die Brücke vor sich.

5 Am Schreibtisch sitzen, zum Fenster hinausschauen.

0 Auf einer sonnigen Wiese im Gras liegen, an einem Grashalm kauen.

Die Hierarchie wird abgearbeitet, die Situationen (mit Ausnahme der wirklich gefährlichen 100er) dann auch in der Praxis erprobt. Die Phobie verschwindet so weit, daß im Alltag keine Verhaltensprobleme mehr auftreten. Der Klient kann den Blick aus dem Fenster oder vom Flußfelsen genießen und geht angstfrei über die Brücke. Er spürt eine Spannung am offenen Fenster oder vorne am Felsen, aber keine blinde Panik. Auf die Brüstung vor dem Bürofenster tritt er vernünftigerweise nicht.

Sehr umstritten ist die verhaltenstherapeutische Erklärung der Wirkungsweise der systematischen Desensibilisierung – ohne daß aber eine bessere Erklärung angeboten werden konnte. Die Forschungsergebnisse über die Notwendigkeit der Entspannung zur Therapie sind uneinheitlich. Ob die hierarchische Vorgehensweise entscheidend ist, wurde ebenfalls experimentell bestritten (auch die umgekehrte oder wirre Darbietung der Angstsituationen war erfolgreich). Die Wirksamkeit der systematischen Desensibilisierung allerdings ist für Phobien aller Art sehr gut belegt und abgesichert. Sie gilt als eines der bestuntersuchten und wirksamsten Verfahren überhaupt. Keinen Einwand gibt es zur Verwendung innerer Bilder und deren Durchleben in der Vorstellung. Sie gelten als Kern und eigentlicher Wirkfaktor der systematischen Desensibilisierung.

Wesentlich ist, daß der Übende dazu gebracht wird, sich der ängstigenden Situation zu stellen, zunächst in den Bildern der Vorstellung. In der Realität werden ängstigende Situationen meistens gemieden, oder der Klient flüchtet aus ihnen, wenn er – trotz aller Meidungsversuche – in sie geraten sollte. Das führt dazu, die Angst vor solchen Situationen zu festigen und womöglich noch zu verstärken. Werden solche Situationen durchlebt, bewußt durchlebt, auch ohne »innere Flucht«, habituiert die Angst.

Kleine verhaltenstherapeutische Techniken

>*Viele Therapeuten sind heute der Auffassung, daß zwischen S und R eine Brücke von einem bzw. einer Reihe von Vorstellungsbildern besteht.*«
Arnold Lazarus, Innenbilder, 1993

Leitfaden der Verhaltenstherapie war ursprünglich die Begrenzung der Psychologie auf das beobachtbare Verhalten. Trotz einiger Erfolge mit einem so klaren Konzept liegt es wohl einfach im Wesen des Menschen, sich nicht mit Beschränkungen (gar Selbstbeschränkungen) zufriedenzugeben und sich nicht auf Dauer von (selbstgesetzten) Horizonten umgrenzen zu lassen, sondern die Welt als Ganzes erfassen zu wollen. In der Therapie zeigt sich deutlich, daß die Menschen und ihre Probleme kaum auf Verhalten reduziert werden können, daß ihr Erleben und was dem zugrunde liegt, ihre Einstellungen, Vorstellungen, Träume, Zielsetzungen, nicht einfach irrelevantes Beiwerk sind.

Verhaltenstherapeuten versuchten einen bemerkenswerten Spagat mit der Einführung kognitiver Techniken, *aber* deren Einbettung in die Verhaltenstherapie und einer Namensgebung, die sich an traditionell verhaltenstherapeutischen Methoden orientiert.

Wesentlich dabei ist eine Erweiterung der ursprünglichen Grundannahme der Verhaltenstherapie, nach der das menschliche Verhalten durch externe Reize gesteuert wird. Auch interne, kognitive Reize und Verhaltensweisen werden nun bei den »verdeckten« Verfahren der Verhaltenstherapie berücksichtigt. Ab etwa Mitte der 1960er Jahre fanden solche kognitiven Techniken Eingang in die Verhaltenstherapie. Eigentlich zählt auch die schon ausführlich dargestellte systematische Desensibilisierung dazu. Hier sollen noch einige andere Verfahren kürzer vorgestellt werden (nach Cautela & McCullough 1986):

Verdeckte Sensibilisierung: Das Problemverhalten wird vorgestellt – und anschließend eine stark aversive Konsequenz. Ein Drogensüchtiger könnte sich vorstellen, wie er sich eine Spritze gesetzt hat, wie der Arm anschwillt, ihm schlecht wird, er sich übergeben muß. Zerstochene, wunde Arme und Beine können vorgestellt werden, und alle Nöte, die die jeweilige Droge mit sich bringt. Ein Eßsüchtiger kann sich ein opulentes Mahl vorstellen, dann aufkommendes Übelkeitsgefühl und schließlich Erbrechen.

Eine Abwendung vom Problemverhalten bewirkt in der Vorstellung Besserung. Alle Vorstellungen werden sowohl in der Therapiestunde als auch als »Hausaufgabe« sehr genau ausgemalt und mehrfach wiederholt. Die Methode wird vor allem bei Suchtverhalten angewandt.

Verdeckte Verstärkung: Bei der *verdeckten positiven Verstärkung* wird eine positive Situation ausgesucht und ihre Vorstellung eingeübt, beispielsweise ein Sonnenbad am Meeresstrand. Dann wird das Problem vorgestellt, beispielsweise eine Rede zu halten. Die einzelnen Stufen der Annäherung an die Problemsituation werden nun in der Vorstellung durchgegangen und durch das positive Bild belohnt, verstärkt. So wird das Betreten des Vortragsraums vorgestellt – und sofort das Sonnenbad darauf. Der Gang zum Pult – und das Sonnenbad... Ähnlichkeiten mit der systematischen Desensibilisierung sind offensichtlich. Das positive Bild wird hier aber als Verstärkung erfolgreicher Annäherung bzw. erfolgreichen Verhaltens verstanden und nicht unbedingt als eine mit der Angst inkompatible Reaktion. Das positive Bild muß deshalb auch keineswegs entspannend sein, es kann auch etwas Aufregendes gewählt werden.

Bei der *verdeckten negativen Verstärkung* stellt sich der Klient zunächst eine aversive Situation vor. Dann wird das zu lernende positive Verhalten imaginiert und mit diesem die aversive Situation abgebrochen. Ein Beispiel ist die Vorstellung starker Schmerzen, die verschwinden, wenn sich der Höhenangst-Klient einer Aussichtsplattform nähert. Das Vorstellungsbild des erwünschten Verhaltens beendet den unangenehmen Zustand.

Verdeckte Löschung, Reizüberflutung: Das zu erlernende erwünschte Verhalten wird in der Vorstellung ausgeübt, ohne daß die vom Klienten dabei erwarteten Befürchtungen eintreffen. Ein stotternder Mann mit Verhaltenseinschränkungen stellt sich vor, daß sich in der Cafeteria eine Frau neben ihn setzen möchte. Die Frau fragt, ob der Platz frei sei. Der Mann stottert: J-j-ja. Die Frau reagiert nicht auf das Stottern, setzt sich, lächelt.

Einen Schritt weiter geht die Implosion, die Reizüberflutung in der Vorstellung, die auch als verdeckte Löschung aufgefaßt werden kann. Ihr Anwendungsgebiet sind Phobien. Dabei wird gerade das, was ängstigt, vorgestellt, sehr klar und mit zunehmender Nähe (beispielsweise eine Spinne oder Schlange, die sich in der Nähe befindet, schließlich über den Körper läuft). Das Verfahren ähnelt der systematischen Desensibilisierung, verzichtet aber auf Entspannung und eine systematische Angsthierarchie.

Hier geht man davon aus, daß Ängste körperlich und psychisch nur für eine gewisse Zeit aufrechterhalten werden können. Normalerweise wendet sich der Klient vom Gegenstand der Angst ab, erlebt dadurch ein Nachlassen der Angst und verstärkt somit seine Phobie und seine Fluchttendenz. Bei der Reizüberflutung wird er dazu angehalten, sich nicht abzuwenden. Er erlebt das Nachlassen der Angst somit in Gegenwart des Angstgegenstands. Die Angst habituiert, die Phobie wird gelöscht. Außerdem ist bei Ängsten immer auch die Erwartung ein großes Problem: Erwartung steigert Angst. Wenn die Situation aber ganz durchlebt wird, fällt dieser Faktor weg, und die Angst läßt nach – allein dadurch, daß sich der Klient ihr stellt.

In der Praxis wird an die Reizüberflutung in der Vorstellung noch eine in der realen Situation angeschlossen.

Die Reizüberflutung gilt als bei Phobien und Zwängen sehr erfolgreiches Verfahren. Sie ist kürzer als die konkurrierende systematische Desensibilisierung, bringt statistisch mehr Erfolge, verlangt vom Klienten aber auch mehr, ist somit nicht für jeden Klienten geeignet. Pitman und Mitarbeiter (1996) berichten über die Anwendung von Reizüberflutung in der Vorstellung bei Vietnamveteranen.

Verdecktes Modellernen: Diese Technik setzt am Modellernen nach Bandura an. Erwünschtes Verhalten wird aufgebaut, indem sich der Klient sich selbst oder eine andere Person vorstellt, die das gewünschte Verhalten erfolgreich zeigt. Ein Schlangenphobiker stellt sich jemanden vor, der problemlos mit einer Schlange umgeht. Bei Variationen dieser Technik zeigte sich, daß ein in der Vorstellung beobachtetes Modell, das zunächst Schwierigkeiten hat, diese dann aber mehr und mehr bewältigt, in seiner Wirkung auf den Klienten einem von Anfang an kompetenten Modell überlegen ist.

Aus dem NLP

Aus dem Neurolinguistischen Programmieren (NLP) sind mehrere Techniken zur Arbeit mit inneren Bildern bekannt geworden (Darstellung beispielsweise in Weerth 1994, auf dem die folgenden Ausführungen überwiegend basieren). Ob diese auch ursprünglich aus dem NLP stammen und ob das NLP überhaupt als eigenständiges

Therapieverfahren betrachtet werden soll, wird uns hier nicht interessieren. Wir verwenden es als Rahmen für die Darstellung einiger interessanter psychotherapeutisch verwendbarer Techniken.

Wichtig für die Darstellung und Veränderung bildhafter Vorstellungen im NLP ist das Konzept der *Submodalitäten*. Als Modalitäten werden im NLP die Sinne bzw. ihre kognitiven Entsprechungen, ihre Repräsentationssysteme bezeichnet: Sehen, Hören, Fühlen (Tasten), Riechen, Schmecken. Als Submodalitäten bezeichnet man alles, was innerhalb eines Repräsentationssystems unterschieden werden kann. Hier eine Liste der wichtigsten Submodalitäten, an denen bei der Arbeit mit Imaginationen angesetzt wird:

Visuelle Submodalitäten:
Helligkeit (hell – dunkel)
Größe (groß – klein)
Farbe (farbig – schwarzweiß; weiche Farben)
Farbsättigung (kräftige – blasse Farben)
Schärfe (scharf – verschwommen)
Kontrast (kontrastreich – kontrastarm)
Transparenz (Grad der Durchsichtigkeit)
Entfernung (des Bildes vom Beobachter)
Bewegung (schnell – langsam – still)
Bewegungsrichtung (beispielsweise von der Person weg oder auf sie zu)
Bewegungsart (beispielsweise kippend, drehend, fließend)
Lokalisierung (beispielsweise im Kopf – außerhalb des Kopfs, oben – unten, links – rechts, vorn – hinten)
Blickwinkel (Perspektive des Beobachters)
Form (beispielsweise rund, viereckig, kantig)
Dimension (dreidimensional – zweidimensional)
Dauer (mit der ein Bild wahrgenommen wird oder wahrnehmbar ist)

Auditive Submodalitäten:
Lautstärke (laut – leise)
Tonhöhe (hoch – tief)
Klangfarbe (Zusammensetzung der Obertöne)
Deutlichkeit (deutlich – undeutlich)
Klangqualität (rein – unrein)
Entfernung (des Klangs vom Hörer)

Tempo (schnell – langsam)
Bewegungsrichtung (beispielsweise von der Person weg oder auf sie zu)
Rhythmus (beispielsweise stetig – unterbrochen, abwechslungsreich –
    monoton, Betonungen)
Lokalisierung (beispielsweise im Kopf – außerhalb des Kopfs, oben –
    unten, links – rechts, vorne – hinten)
Dimension (stereo – mono)
Dauer (mit der ein Klang wahrgenommen wird oder
    wahrnehmbar ist)

Kinästhetische Submodalitäten:
Intensität (stark – schwach)
Temperatur (heiß – warm – kalt)
Lokalisierung (beispielsweise innen – außen, oben – unten, vorne –
    hinten)
Ausbreitungsgebiet (groß – klein)
Ausbreitungsbegrenzung (mit – ohne Begrenzung)
Bewegung (schnell – langsam – still)
Bewegungsrichtung (von … nach …)
Bewegungsart (beispielsweise kreisend, fließend, sich ausbreitend,
    sich zusammenziehend)
Charakteristik (beispielsweise stechend, pulsierend, dumpf,
    drückend, leicht)
Rhythmus (beispielsweise stetig – unterbrochen, abwechslungsreich –
    monoton)
Dauer (wie lange das Gefühl besteht)

Riechen und Schmecken:
Werden im NLP bisher kaum verwendet. Als mögliche Submodalitäten werden aber genannt: süß, sauer, salzig, bitter, verbrannt, aromatisch. Empfindungen dürften in diesen Modalitäten individueller und weniger mitteilbar sein als beim Sehen und Hören. Ob dies Einfluß auf ihre Verwendbarkeit in der Psychotherapie hat, ist nicht bekannt, aber anzunehmen.

Mit Hilfe der Beeinflussung dieser Submodalitäten kann nun gearbeitet werden. Einige Techniken dazu:

Abschwächung: Unerwünschte Bilder oder andere Vorstellungen können abgeschwächt oder die eigene Verbindung mit ihnen dissoziiert werden. Sie werden dazu wie in einem Fernseher mit verschiedenen Möglichkeiten zur Bildveränderung betrachtet und dort so eingestellt, daß sich der Abstand zu ihnen vergrößert. Beispielsweise kann das Bild einer belastenden Erinnerung dunkler, kleiner oder unschärfer gemacht werden. Nach einem Alptraum läßt sich ein Kind beruhigen, indem es sich das erlebte Monster nochmals vorgestellt – aber ganz klein.

Die ängstigenden Dinge oder Vorstellungen werden nicht inhaltlich, sondern lediglich in einer emotional indirekt relevanten Qualität wie der Größe verändert. Das ist oft leichter durchzuführen, als sich das Monster etwa freundlich vorzustellen – es führt aber dann auch zu einer Änderung emotional bedeutsamer Qualitäten. Das blutrünstigste Raubtier unserer Welt soll das Wiesel sein – aber da es recht klein ist, laufen wir nicht davon, sondern reagieren eher neugierig, wenn uns eines begegnet. Die Größe ist also eine relevante, aber eher indirekte und deshalb leichter zu beeinflussende Qualität emotional belastender Vorstellungen.

Wenn mit der Größe nichts zu erreichen ist, werden andere Submodalitäten oder Ansatzpunkte gewählt, so können beispielsweise ängstigende Stimmen leiser oder unangenehme Erinnerungen dunkler getönt werden.

Verstärkung: Erwünschte innere Bilder und andere Vorstellungen können heller, größer oder lauter eingestellt werden. Das kann zur Entspannung, Erholung oder zur Motivationssteigerung sinnvoll sein.

Auch unerwünschte Zustände lassen sich dem NLP zufolge so ändern. Dazu wird festgestellt, wie beispielsweise Helligkeit auf den unerwünschten Zustand wirkt. Zeigt sich, daß zunehmende Helligkeit den negativen Zustand verschlechtert, wird die Helligkeit nun *sehr schnell* erhöht. Nach Berichten aus dem NLP führt dies nach Überschreitung eines Schwellenwerts dazu, daß sich der unangenehme Zustand bei einer weiteren Helligkeitszunahme nun abschwächt oder sogar auflöst. Die Technik ähnelt der Reizüberflutung in der Verhaltenstherapie.

Umwandlung: Von einem Problemzustand ausgehend soll ein erwünschter Zustand erreicht, der Problemzustand also nicht einfach nur abgeschwächt, sondern ganz umgewandelt werden. Zunächst werden beide Zustände bestimmt, beispielsweise Schüchternheit und Entschlossenheit oder Ängstlichkeit und Neugierde. Bilder werden gefunden, die beide repäsentieren. Die Unterschiede zwischen den Bildern werden auf der Grundlage der »Submodalitäten« (hell-dunkel, laut-leise) herausgearbeitet. Die Submodalitäten des Problemzustands werden probeweise in die Submodalitäten des Wunschzustands übergeführt, beispielsweise das Dunkel des Problemzustands in das Hell des Wunschzustands. Dieser Schritt dient vor allem der Überprüfung, ob die einzelnen Submodalitäten tatsächlich relevant sind und ob die Veränderung in die richtige Richtung angenommen wurde. Anschließend werden nacheinander alle als relevant identifizierten Submodalitäten vom Problemzustand in den Wunschzustand umgewandelt.

Ähnlich wird bei der Veränderung von Glaubenssätzen gearbeitet, allerdings hier mit einem Zwischenschritt. Zunächst wird der als ungünstig empfundene Glaubenssatz identifiziert und formuliert. Dann wird ein sogenannter »Wischi-Waschi-Satz« gebildet, der zunächst als Neutrum fungieren soll und ähnlich aufgebaut ist wie der Glaubenssatz, jedoch etwas Irrelevantes zum Ausdruck bringt. Wenn der Glaubenssatz etwa lautet: »Ich denke, daß sich Menschen so verhalten sollten, wie es richtig ist«, dann könnte ein Wischi-Waschi-Satz lauten: »Ich denke, Menschen könnten auf dem rechten Gehweg der Straße gehen – oder auf dem linken.« Submodalitäten zu beiden werden bestimmt (beispielsweise Nähe: der erste Satz ist in 1 Meter Entfernung, der zweite 5 Meter weit weg). Die relevanten Submodalitäten des Glaubenssatzes werden probeweise denen des Wischi-Waschi-Satzes angeglichen, wobei auf die Veränderung im Glaubenssatz geachtet wird. Dann wird ein eventuell neuer, erwünschter Glaubenssatz formuliert. Dieser neue Glaubenssatz wird mit den Submodalitäten des Wischi-Waschi-Satzes versehen (beispielsweise: Entfernung 5 Meter). Nun wird der alte Glaubenssatz mit allen gefundenen Submodalitäten abgeschwächt, bis er an der Stelle des Wischi-Waschi-Satzes steht. Der neue Glaubenssatz aber wird mit den ehemaligen Submodalitäten des alten Glaubenssatzes versehen und damit an dessen Stelle gerückt (also im Beispiel an die Entfernung von 1 Meter, entsprechend auch andere Submodalitäten).

Eine Wertehierarchie kann in ähnlicher Weise ohne Zwischenschritt bearbeitet werden: Die Wertehierarchie wird ermittelt und mittels einer aussagekräftigen Submodalität bildhaft dargestellt (beispielsweise die einzelnen Werte nach Höhenlage geordnet). Der zu verändernde Wert wird nun in seiner Position in dieser Hierarchie langsam verschoben, bis er den gefühlsmäßig »richtigen« Platz erreicht hat. Das ist mehrfach zu wiederholen. So kann beispielsweise der Wert »Korrektheit«, wenn er zwischenmenschliche Probleme schafft, in der Wertehierarchie etwas zurückgestuft werden.

Auch mit Zeit verbundene Probleme lassen sich so angehen: Submodalitäten für Gegenwart, Vergangenheit und Zukunft werden gesucht. Oft ist die Vergangenheit links, die Gegenwart vorn und nahe, die Zukunft rechts repräsentiert. Beim Problem, einen Termin ernstzunehmen (immer neue Dinge werden vor einer Prüfung begonnen, so daß die Vorbereitung zu kurz kommt), kann nun dieser Termin auf der Zeitlinie eingeordnet werden (vielleicht ist er sehr weit rechts repräsentiert). Dann wird er in Richtung Gegenwart verschoben, bis er eine angemessene Position erreicht hat. Entsprechend können auch belastende Ereignisse in der Vergangenheit, die als sehr nahe empfunden werden, an ihren richtigen Platz weiter nach links verschoben werden.

Verkettungen: Die drei beschriebenen Techniken können verkettet werden, was ratsam ist, wenn der Problem- und der Wunschzustand zu weit auseinanderklaffen oder zu unterschiedliche Dimensionen besitzen. Dazu können Zwischenstufen gesucht und zunächst diese Zwischenziele angestrebt werden: zwischen Schüchternheit und Entschlossenheit etwa freundliche Zurückhaltung, Aufgeschlossenheit, aktives Daraufzugehen. Es können auch zunächst Submodalitäten des Problemzustands abgeschwächt und dieser so weit wie möglich neutralisiert werden. Dann werden die relevanten Submodalitäten des Wunschzustands in diesen abgeschwächten Problemzustand eingeführt und verstärkt. Das läßt sich so gestalten, daß für Problem- und Wunschzustand zwei getrennt vor einem stehende Bilder vorgestellt werden, auf denen der Problemzustand zunächst groß, nahe und klar, der Wunschzustand klein, fern und verschwommen dargestellt ist. Die Submodalitäten werden nun in beiden geändert, der Problem-zustand weggerückt und verwischt, der Wunschzustand nahegerückt und scharf eingestellt. Eine dritte Möglichkeit besteht darin, das Problembild erst aus der Nähe zu betrachten, dann in den Submodalitäten abzuschwächen und in weite Ferne zu rücken, wo es durch das Wunschbild ersetzt wird. Und dann wird das Wunschbild nahegerückt.

Zustandsverbesserung: Der Klient betrachtet die Umgebung und prägt sie sich ein. Dann schließt er die Augen, erhält das Bild der Umgebung dabei möglichst gut aufrecht. Das wiederholt er, bis es gut klappt. Dann wird bei geschlossenen Augen in die Mitte des Zustands-bilds ein kleines Wunschbild gesetzt, nämlich sich selbst in der gegen-wärtigen Umgebung, so wie man gern sein möchte. Dann wird blitz-artig dieses kleine Wunschbild von der Mitte ausgehend vergrößert, bis das Zustandsbild nicht mehr zu sehen ist. Dann schlüpft der Vor-stellende sozusagen in die Haut des nur vorgestellten Wunschbildes seiner selbst (er »assoziiert«) und nimmt wieder die vorgestellte Umgebung wahr, so wie sie von diesem Wunschbild empfunden wird, als wäre er bereits im erwünschten Zustand. Dies wird mehr-fach wiederholt. Das Wunschbild kann dabei immer stärker in die erwünschte Richtung ausgeprägt werden, also beispielsweise beim ersten Mal lächelnd, später lachend.

»**Swish**«: Diese Technik soll helfen, von einem inneren Zustand zu einem anderen zu wechseln. Der erste Zustand wird dabei zum Aus-löser des zweiten. Zunächst stellt man die zu verändernde Verhaltens-weise genau fest (beispielsweise Rauchen). Dann wird ein visueller Auslöser für die zu verändernde Verhaltensweise gesucht (beispiels-weise: Eine Hand nimmt eine Zigarette aus der Packung). Dieser Auslöser sollte möglichst konkret sein und eindeutig zum Problem-verhalten führen, aber gleichzeitig so allgemein gehalten, daß er mög-lichst viele Situationen umfaßt. In der Vorstellung wird nun ein (asso-ziiertes) Bild des Auslösers und der darauffolgenden Verhaltensweise konstruiert. Dann wird ein zweites Bild konstruiert: Man sieht sich selbst von außen (dissoziiert), wenn das Ziel der Zustandsverände-rung erreicht ist, und zwar sehr positiv getönt. Dann beginnt der »Swish«: Das auslösende Bild (die Hand mit Zigarettenschachtel) wird groß und hell. Ein kleines dunkles Bild der Zielvorstellung (beispielsweise ein Lächeln ohne Zigarette) wird in die rechte untere Bildecke gesetzt. Dann wird das Bild der Zielvorstellung schnell (in weniger als einer Sekunde) größer und heller gemacht, bis es das auslösende Bild verdeckt, das gleichzeitig mit der Veränderung des Zielbildes verdunkelt und schrumpft. Dies wird mehrmals wiederholt. Auch im Alltag soll sich nun das Zielbild auf das auslösende Verhalten einstellen und das Problemverhalten gehemmt werden.

Üblicherweise werden die Submodalitäten »Helligkeit« und »Größe« zur Veränderung verwendet. Bei manchen Problemen oder Personen können individuell auch andere zur Anwendung kommen.

»**Compulsion Blowout**«: Diese Technik wird im NLP für Zwänge oder Süchte empfohlen. Das Problemobjekt wird bestimmt (beispielsweise ein Glas Bier). Mindestens eine Submodalität wird identifiziert, die dieses Objekt besitzt, die andere Objekte ohne Problemcharakter aber nicht haben. So kann sich zeigen, daß ein Glas Bier auf einem Tablett größer erscheint als ein Glas mit einer anderen Flüssigkeit und daß die Größe in Zusammenhang mit dem Drang zum Trinken steht (größer und näher vorgestellt nimmt der Drang zu, kleiner und weiter weg läßt er nach). Wenn das der Fall ist, wird Größe als Submodalität herausgegriffen (wenn nicht, wird nach anderen relevanten Submodalitäten gesucht). Nun wird der Veränderungsprozeß durchgeführt: Das Problemobjekt wird auf dieser Submodalität schnell immer intensiver vorgestellt (das Glas Bier immer größer). Dies kann man einmal in extremer Weise (das Glas Bier füllt den ganzen Gesichtskreis aus) oder mehrmals schnell hintereinander (»Ratschen-Methode«) durchführen. Dabei soll nach Überschreitung einer Schwelle die Anziehung des Objekts plötzlich verschwinden. Wie unschwer zu erkennen, bestehen Ähnlichkeiten mit der Reizüberflutung der Verhaltenstherapie.

Kinotechnik: Zwei schwarz-weiße Standbilder werden konstruiert: Das erste zeigt die Person selbst (also dissoziiert) kurz vor dem traumatischen Ereignis, das zweite diese Person kurz nach dem Ereignis – gemessen am Trauma wieder in einem guten Zustand. Die Bilder werden am besten im Rahmen eines inneren Kinos aufgebaut: vorn auf der Leinwand, der Erlebende sitzt in einer Stuhlreihe. Nun kann

(günstig bei besonders belastenden Ereignissen) eine zweite Dissozia-
tion aufgebaut werden: Der Betrachter schwebt unter der Kinodecke
und sieht sich von dort in der Stuhlreihe sitzen und den Film betrachten. Diese Dissoziationen sowie die Beschränkung auf Schwarz-weiß
sind zur Abschwächung des wiederzuerlebenden Traumas nötig.
Zusätzlich kann gegebenenfalls die Helligkeit reduziert werden. Nun
fängt der Film an: Vom ersten Standbild ausgehend läuft das trau-
matische Ereignis schwarz-weiß ab und wird betrachtet von der Person im Zuschauerraum bzw. dem Beobachter unter der Decke, der
diese Person im Auge hat. Mit dem zweiten Standbild endet der
Film. Nun springt die Person in dieses Standbild hinein (assoziiert)
und läßt den Film farbig und mit großer Geschwindigkeit (sich selbst
darinnen) bis zum Anfang zurückspulen, diesen Rücklauf möglichst
mit allen Sinnen erlebend. Dies wird einige Male wiederholt. Dann
kommt die Person wieder in die Gegenwart zurück. Die Kinotechnik
wird vor allem bei Phobien und traumatischen Streßereignissen verwendet.

Hypnose

Imaginative Techniken werden vielfältig auch in der Hypnose angewandt. »Wie ein roter Faden zieht sich die Verbindung von Hypnose
und Vorstellungstätigkeit durch dieses Buch«, schreiben Bärbel und
Walter Bongartz in ihrem Hypnoseleitfaden (1992). Von anderen The-
rapieformen, die ähnliche imaginative Übungen einsetzen, unterscheidet sich die Hypnose oft nur durch die Induktion und die tiefe
Entspannung. Der Imaginierende wird unter Hypnose besonders stark
von äußeren Reizen abgeschirmt, was das Erleben der inneren Bilder
begünstigt. Lenkende Hilfestellungen des Therapeuten könnten durch
den hypnotischen Zustand leichter aufgenommen werden. Hier eine
Kurzbeschreibung von imaginativen Techniken in der Hypnose nach
Kossak (1997), von den einfachen zu den komplexeren geordnet:

Zoomen: Der Imaginierende holt wie durch ein Fotoobjektiv Gegenstände, Personen, Situationen näher heran (genauere Erkundung)
oder rückt sie weiter weg (wenn sie zu stark ängstigen).

Lageveränderung: Gegenstände, Personen, Situationen aus anderen räumlichen Blickwinkeln betrachten.

Form- und Farbveränderungen: Gegenstände oder Personen werden in Form oder Farbe verändert, verfremdet, beispielsweise um Ängste zu mildern (Blut schwarz-weiß färben, einen Prüfer in Unterhosen vorstellen).

Veränderung des Zeitablaufs: Betrachtung wie bei einem Film in Zeitlupe, Zeitraffer, auch Vor- und Zurückspulen. So können Ereignisse genauer und wiederholt betrachtet werden, und es läßt sich ein Gesamtüberblick gewinnen. Bei der *Altersregression* versetzt sich der Imaginierende in ein früheres Lebensalter. Das kann durch Rückwärtszählen vom gegenwärtigen bis zum einzustellenden Alter mit der Suggestion eingeleitet werden, sich rückwärtsschreitend immer jünger zu erleben. Bei der *Altersprogression* wird ein späteres Lebensalter eingestellt, um beispielsweise Probleme in ihrer zeitlichen Begrenztheit zu erkennen oder auf bevorstehende Ereignisse vorzubereiten. Das läßt sich auch so gestalten, daß der Imaginierende an eine Weggabelung kommt und die beiden Pfade mit unterschiedlichen Zukunftsentwicklungen erkunden kann.

Spiegelbild: Sich selbst im Spiegel sehen, eventuell gleichzeitig Zoomen und Altersprogression oder -regression. Das kann eine erwünschte Konfrontierung mit Problemen erleichtern.

Selbstbegegnung: Der Imaginierende begegnet sich selbst, beobachtet sich nur oder spricht mit sich. Gegenüber dem »Spiegelbild« ist hier eine größere Dynamik möglich.

Rollen: Der Imaginierende beobachtet sich selbst in einer bestimmten Rolle. Je nach Therapiezusammenhang können gewünschte oder abgelehnte Rollen ausgewählt werden. Das kann zur Beleuchtung von Persönlichkeit, Einstellungen und Verhalten sinnvoll sein. Beispielsweise kann in der Imagination die Rolle eines privaten oder beruflichen Feindes übernommen werden.

Verbale Suggestionen: Sätze wie in der Vorsatzbildung des autogenen Trainings können autosuggestiv in sich hineingesprochen werden. Von Coué (1922) stammt die bekannte (und berüchtigte) Formel: »Es geht mir jeden Tag in jeder Hinsicht immer besser und besser.«

Idealisiertes Selbstbild: Der Imaginierende schließt die Augen und entwickelt ein Bild seiner selbst, wie er sein möchte. Dies streift er dann in der Vorstellung über sein tatsächliches jetziges Selbstbild und achtet auf die Unterschiede. Eine Identifizierung mit dem idealisierten Selbstbild wird angestrebt, wobei das tatsächliche Selbstbild in jenes überführt werden soll.

Ich-Stärkung: Auf Vorstellungsbilder bezogene positive Suggestionen zur Problemlösung oder der eigenen Person.

Regie: Statt sich lediglich wie oben auf die eigene Rolle zu konzentrieren, können hier in Vorstellungsszenen auch die Rollen oder das Verhalten anderer Personen verändert oder einfach gesteuert werden, beispielsweise der Chefin, des Ehemanns oder einer Unbekannten im Restaurant.

Probehandeln: Entweder sich selbst oder einer anderen Person beim Handeln zuschauen. Aus dem Vorstellen einer erfolgreichen anderen Person kann Vorbildlernen resultieren. Auch kann beispielsweise das Mißlingen einer Prüfung imaginiert werden, um übertrieben vorgestellte Konsequenzen zu relativieren. Bisher ungewohnte Verhaltensweisen können eingeübt werden, beispielsweise wenn Erwartungsängste bestehen.

Emotive Vorstellungsbilder: Eine Figur aus Buch, Kino, Fernsehen, Hörspiel beobachten, wie sie die erwünschten Verhaltensweisen durchführt. Besonders bei Kindern relevant: Donald Duck trotzt der Gefahr.

Steigerungstechniken: Bei Erwartungsängsten und zur Diagnostik einsetzbar: Im Sinne einer verdeckten Reizüberflutung soll sich der Imaginierende die angstbesetzte Situation vorstellen – und zwar noch übersteigert. Meist kann der Imaginierende so erkennen, daß seine Ängste selbst übertrieben sind.

Emotionale Feuerwehrübung: Eine befürchtete Situation wird vorgestellt, beispielsweise das Durchfallen in einer Prüfung. So zeigen sich auch Handlungsalternativen und die nur auf bestimmte Lebensbereiche beschränkten Konsequenzen des Ereignisses auf, was zu einer gelasseneren Herangehensweise führen kann.

Umdeutungen: In der Imagination wird nach Umdeutungen für Ereignisse gesucht, denen man nicht entkommen kann, beispielsweise ein nötiges weiteres Verbleiben an der Arbeitsstelle oder am Wohnort als Chance zu einer gründlicheren Neuorientierung.

Symbolisierung: Umsetzen des Problems in ein Bild. Besonders unklare Probleme können sich so konkretisieren oder Anhaltspunkte zur genaueren Diagnostik ergeben und therapeutische Wirkungen erfahren. Als Beispiel: Welche Märchengestalt könnte ich mit meinem Problem sein? Nach Bölcs (1997) stehen die Symbole (auch innere Personen) für Persönlichkeitsanteile, deren Bedürfnisse unzureichend erfüllt werden und die sich deshalb als Störungen bemerkbar machen. Mit diesen kann dann weiter gearbeitet werden, mit dem Ziel, diese zu wenig gelebten Persönlichkeitsanteile in die Person zu integrieren und dadurch die Störung zu beseitigen.

Heilende Bilder: Versuche imaginativer Beeinflussungen von Schmerz oder Krankheiten durch innere Bilder.

Geheimer Raum: Der Imaginierende geht an einen geheimen Ort oder in einen geheimen Raum, der nur ihm selbst zur Verfügung steht. Hier ist er geschützt und kann sich selbst erfahren, die eigenen Wünsche spüren – und vielleicht fällt an diesem windstillen Ort etwas Licht auf seine Probleme.

Mülltechniken: Wenn immer wiederkehrende Gedanken als unangemessen und schädlich erkannt sind, können sie als Müll betrachtet und »entsorgt« werden: sie landen in der Mülltonne oder werden als Reisig verbrannt, in eine Kiste verpackt und im Meer versenkt, auf ein Schiff gebracht und weggesegelt, in einen Ballonkorb gelegt und fliegengelassen, mit einer Rakete in den Weltraum geschossen, in der Waschmaschine reingewaschen. Manche Imaginierende sollen sehr gut auf diese Vorstellung reagieren.

Raum mit drei Vorhängen: Der Raum ist leer, bis auf drei Vorhänge. Langsam wird der erste beiseite gezogen: hinter ihm das Bild des Imaginierenden, wie er sich selbst gegenwärtig sieht. Hinter dem zweiten zeigt sich dann das Bild der eigenen Person, wie sie früher war, hinter dem dritten das Bild, wie sie sein möchte. Diese Übung eignet sich auch zur Feststellung von Therapiefortschritten.

Raum mit vielen Türen: Der Imaginierende erkundet ein großes Haus oder ein Schloß mit vielen Zimmern. Hinter den Türen können sich Probleme, abgelehnte Personen, Gefühle, Ziele oder Hinweise auf Lösungsmöglichkeiten des Problems befinden.

Hypnotisch induzierter Traum: Eine sehr offene Vorgabe mit dem Hintergrund, daß im Traum kreative Problemlösungen erfolgen können, die neue Aspekte im Vergleich zu den rationalen Versuchen des Wachzustands aufbringen.

Projektionswand: Auf einer vorgegebenen imaginierten Tafel oder

Projektionswand können Worte oder Bilder erscheinen und sich verändern. Auch ein Spiegel oder ein Fernsehgerät kann hier verwendet werden, in welchem Bilder aus der Vergangenheit auftauchen.

Pille: Wenn Menschen sehr auf Medikamente fixiert sind, kann dies auch für die Imagination genutzt werden: der Imaginierende überlegt sich eine Wunderpille für sein Problem. Diese »nimmt« er dann, wenn das Problem wieder auftaucht.

Personen: In der Imagination läßt sich die Begegnung mit Personen suggerieren, die dem Klienten helfen oder ihn mit seinen Problemen konfrontieren, beispielsweise eine alte weise Frau oder ein alter weiser Mann. Konfrontierend und hilfreich kann die Begegnung mit dem eigenen schlechten Gewissen sein. Diese Technik ist besonders bei unklaren Problemen oder in verworrenen Situationen angebracht.

Die Anwendung innerer Bilder in der Hypnose unterscheidet sich manchmal zwar in der Form, nicht aber im Inhalt von der Anwendung innerer Bilder in anderen Therapieverfahren. Alle Techniken können grundsätzlich auch außerhalb der Hypnose eingesetzt werden, und werden dies auch.

Entspannungsverfahren

Verschiedene Entspannungsverfahren nutzen direkt oder indirekt innere Bilder und vorgestellte Empfindungen. Nur verwiesen sei auf das *Yoga*, dessen Übungen sehr häufig Namen tragen, die Vorstellungsbilder geradezu herausfordern. Auch die Bedeutung innerer Bilder in der *Meditation* soll in diesem Rahmen nur kurz erwähnt werden, Entspannung ist hier ein Nebeneffekt: Unter anderem in der »Satipatthana-Sutta« der Mittleren Sammlung des Palikanons (Neumann 1995) liegen Meditationsanleitungen vor, die sehr wahrscheinlich auf den Buddha Shakyamuni selbst zurückgehen und damit zu den ältesten überlieferten der Welt gehören. Innere Bilder spielen hier eine zentrale Rolle (eine ausführliche Darstellung bietet Nyanaponika 1989). Die »Metta-Sutta« (Sutta-Nipata, Nyanaponika 1977) gehört heute in abgewandelter Form zu den meistpraktizierten buddhistischen Meditationen: Von der eigenen Person ausgehend wird hier in immer weiteren Kreisen Güte und friedvolle Liebe auf die Wesen der Welt verströmt.

Die Erfolge des *Biofeedbacks* können auf den unwillkürlichen Einsatz von Vorstellungsbildern durch die Anwender zurückgeführt werden – und seine Mißerfolge auf die zu geringe Unterstützung solcher Vorstellungsbilder durch eine Überbetonung der Technik, der Biofeedbackgeräte, die allzuoft keine zusätzliche Hilfe, sondern ein Selbstzweck und damit ein Hinderungsgrund für das Erreichen der angestrebten Ziele geworden sind. Wie die Arbeit von Kunzendorf (1991) ausführt, setzen erfolgreiche Anwender von Biofeedback Imaginationen ein, und Erfolge beispielsweise bei der Veränderung der Herzrate können auch ohne Biofeedback erreicht werden, lediglich durch mentale Imagination. Eine Darstellung von Biofeedbackverfahren könnte derzeit leider nur eine Darstellung verspielter Chancen sein, was bei den potentiellen Möglichkeiten dieses Verfahrens höchst bedauerlich ist.

Bei der *progressiven Muskelentspannung* sollte eigentlich nur eine An- und Entspannung der Muskulatur durchgeführt werden. Vor allem bei der Umsetzung für Kinder scheint sich aber zunehmend die Einbeziehung von Vorstellungsbildern auszubreiten. Ein Beispiel: »Stell dir vor, die Faust so stark zu ballen wie Obelix«. Bedeutsamer ist der explizite Einsatz von Vorstellungsbildern beim *autogenen Training*, auf das wir deshalb näher eingehen wollen.

Die Grundstufe des autogenen Trainings, das Anfang des 20. Jahrhunderts von Johannes H. Schultz (1884–1970) entwickelt wurde, versucht über formelhafte Sätze zu Schwere, Wärme, Herz, Atmung, Sonnengeflecht und Stirnkühle Entspannung herzustellen. Angestrebt wird eine physiologische Umschaltung des vegetativen Nervensystems von der arbeitsbetonten Dominanz des Sympathikus zur ruhebetonten Dominanz des Parasympathikus. Der Übende spricht die (zunächst von außen vorgegebenen) Entspannungsformeln in sich hinein, wo sie im Sinne von Autosuggestionen wirksam werden und den vorgestellten Sachverhalt eintreten lassen, beispielsweise: »Arme und Beine sind ganz schwer«, »Arme und Beine sind angenehm warm«.

Eigentlich sind für diese Entspannungsformeln keine bildhaften Vorstellungen vorgesehen, abgesehen von der etwas blaß wirkenden

Vorstellung der Schwere oder der Wärme. Schultz selbst schreibt von einer zu leistenden »abstrakten Gedankenarbeit im Kopf«. Aber bald schon setzten sich im autogenen Training kleine Vorstellungshilfen durch, zur Schwereübung beispielsweise einen schweren Koffer getragen oder einen anstrengenden Fußmarsch unternommen zu haben.

Verschiedene Autoren haben – zunächst für Kinder, später dann auch für Erwachsene – ausgearbeitete Vorstellungsbilder neben die Entspannungsformeln gesetzt. Bekannt geworden ist hier Else Müller (1994), die für jede Übung mehrere Vorschläge bietet, aus denen die Übenden sich individuell auswählen sollen. Ein Beispiel zur Schwereübung der Arme:

»Ich bin ganz ruhig.
Stell dir vor, du bist in einem schönen Garten.
Du möchtest die Blumen gießen. Du füllst am Brunnen große Gießkannen.
Du fühlst, wie schwer die gefüllten Kannen sind.
Die Arme sind ganz schwer.
Ich bin ganz ruhig und entspannt.«

Weiterhin haben Entspannungsformeln nach dem autogenen Training Eingang in Fantasiereisen gefunden, wo sie sich konkret auf dort erlebte Eindrücke beziehen und das Entspannungserlebnis unterstützen sollen (siehe S. 135).

Übungen der Oberstufe des autogenen Trainings beschäftigen sich direkt mit inneren Bildern. Das *Auffinden der Eigenfarbe* steht am Anfang. Praktizierende sollen dazu einfach vor dem inneren Auge eine gleichförmige Farbe aufsteigen lassen, die sie als zu sich gehörig betrachten. Als Hilfe dazu (manche Erwachsene benötigen für ein Gelingen mehrere Wochen) können reale Farben angeboten und betrachtet werden. Wenn die Eigenfarbe gefunden ist, kann der Anleiter dem Praktizierenden andere Farben zur inneren Vorstellung vorgeben. Schultz ging dabei sehr gründlich vor: »Diese Experimente werden systematisch durch die Farben des Spektrums getrieben, ›Prismaversuch‹ oder ›Spektrumversuch‹.« (Schultz 1991). Die Übenden sollen schließlich über die innere Vorstellung der Farben frei und sicher verfügen.

Eine weitere Übung ist das Erscheinen von *Objekten* vor dem inneren Auge. Auch hier können als Hilfsmittel reale Gegenstände angeboten werden, beispielsweise Blumen, Früchte, eine brennende Kerze. Wichtig ist später aber das spontane Entstehen der Bilder.

Als weiteren Schritt sollen *abstrakte Begriffe,* beziehungsweise Bilder und Symbole, die für solche Begriffe stehen, gesehen werden. Wichtig ist hier, nicht bewußt zu konstruieren, sondern die Bilder sich einstellen zu lassen, zu Begriffen wie Frieden, Ruhe, Gerechtigkeit, Glück, Harmonie. »Rein psychotherapeutisch betrachtet ergeben sich hier Materialien, die mit großem Nutzen ebenso verwendet werden können, wie die der Nachtträume und vielfach die kathartischer Sitzungen.« (Schultz 1991)

Anschließend kann das *Eigengefühl* als »Ausdruck oder Sinnbild des intensivsten und erwünschtesten Gefühlszustandes« (Schultz 1991) vorgestellt werden, wieder im Bild, umgesetzt wie bei den abstrakten Begriffen. Es können hier bewegte Szenen oder ruhende Bilder auftauchen.

Das *Bild eines bestimmten anderen Menschen* ist eine weitere anschließende Aufgabe. Das Bild soll möglichst konkret und plastisch vorgestellt und tief empfunden werden. Es kann ein geliebter, neutraler oder feindlich gesinnter Mensch sein.

Fragen an das Unbewußte nennt Schultz eine letzte Übung der Oberstufe. Hier werden sprachlich formulierte Fragen gestellt wie: »Was ist der Sinn der Arbeit?«, »Was mache ich falsch?«, »Was ist der Sinn des Lebens?«, »Was will ich eigentlich?«. Schultz empfiehlt zur Anregung ausdrücklich extreme und formelhafte Fragen. Bei fortgeschrittenen Übenden können sich »Klärungserlebnisse« einstellen, in einer Auseinandersetzung mit den auftauchenden inneren Bildern wesentliche Hinweise auf existentielle Fragen formulieren. Als Beispiel führt Schultz das Auftauchen einer bedrohlich erscheinenden Uhr bei der Frage »Was mache ich falsch?« an, die auf ein Zeitverständnisproblem beim Übenden verwies, durch das seine Arbeitskraft schwer gestört wurde. Zur Verwirklichung gewonnener Erkenntnisse im Alltag empfiehlt Schultz die aus der Grundstufe des autogenen Trainings bekannte Vorsatzbildung: sprachlich formulierte Sätze mit einer Wunschvorstellung als Vorsatz, die in der Entspannung in sich hineingesprochen werden (Beispiele: »Ich bin frei«, »Ich bin wert«, »Nur ich bin mein Richter«). An den gewonnenen Bildern wird nach Schultz nicht weiter gearbeitet.

Die Oberstufe ist in der praktischen Anwendung des autogenen

Trainings wenig bedeutsam, ihre imaginativen Übungen sind im Vergleich zur Grundstufe nicht sehr entwickelt: »Schultz hat uns seine Oberstufe als Torso zurückgelassen« (Hoffmann 1981). Daß die Übungen hohen persönlichen Nutzen haben können, zeigt Schultz in ausführlichen Fallberichten. Mir scheint die Bindung der Übungen an das autogene Training gering, sie lassen sich ganz offensichtlich auch in anderen Zusammenhängen und aus anderen Grundhaltungen heraus sinnvoll anwenden.

Entspannung also mit Vorstellungsbildern? Fast immer dürfte bei einem expliziten Einsatz von Vorstellungsbildern eine Verbesserung der Entspannungsfähigkeit zu erwarten sein. Die Vorstellungsbilder müssen dabei aber zur Entspannung passen. Hier kann es durchaus Probleme geben, wenn Bilder zu direktiv vorgegeben werden. Ob ein Bild entspannend wirkt oder nicht, ob es vielleicht sogar das Gegenteil bewirkt, ist auch von der persönlichen Vorerfahrung des Imaginierenden abhängig. Der Gang über eine Sommerwiese kann subjektiv mit Ärger, Ekel oder Depression verbunden werden (siehe S. 126 f.). Harding (1996) rät deshalb zur Vorsicht mit unreflektiert eingesetzten emotionalen inneren Bildern zur Entspannung und zur Berücksichtigung der Vorerfahrungen des Imaginierenden.

Nach innen sprechen – Selbstverbalisation

> »Nicht die Dinge selbst beunruhigen die Menschen, sondern ihre Urteile und Meinungen über sie. [...] Wenn wir also in Schwierigkeiten geraten, beunruhigt oder betrübt werden, wollen wir die Schuld niemals einem anderen, sondern nur uns selbst geben, das heißt unseren Meinungen und Urteilen. [...] Der wirklich Gebildete schiebt die Schuld weder auf einen anderen noch auf sich selbst.«
> Epiktet (etwa 50–120), Handbuch der Moral, aus dem 5. Stück

Sehen ist die wichtigste Wahrnehmungsmodalität des Menschen, Hören steht an der zweiten Stelle. Innerhalb des Hörens ist der wichtigste Bereich sicherlich unser Hören auf das gesprochene Wort. Wir hören Sprache, und wir sprechen selbst. Wenn wir uns mit inneren Bildern beschäftigen, sollte so auch die Behandlung innerer Worte aufgenommen sein.

Die Auseinandersetzung mit inneren Stimmen findet in fast allen Verfahren Platz, die innere Bilder verwenden: Auftretende Figuren der katathym-imaginativen Psychotherapie oder der aktiven Imagination reden, wir hören auf sie. Solche Stimmen müssen keineswegs nur gebunden an innere Personen vorkommen. So schreibt etwa C. G. Jung im Zusammenhang mit der aktiven Imagination, daß manche seiner Patienten zunächst weniger Bilder sehen, als vielmehr eine innere Stimme hören: »Es gibt nämlich nicht wenige, die eine Art von innerem Kritiker oder Richter besitzen, der sie in ihrem Tun und Treiben beurteilt. Geisteskranke hören diese Stimme als laute Halluzinationen. Aber auch Normale mit einigermaßen entwickeltem Innenleben können diese unhörbare Stimme ohne weiteres reproduzieren.« (Erinnerungen, zitiert nach Ammann 1978).

Die therapeutische Beschäftigung mit der inneren Rede hat Vorläufer. Erinnert sei an Emile Coué (1857–1926), der mit autosuggestiven Formeln arbeitete und als Konzentrationshilfe dafür eine Art Rosenkranz anbot: Für jede Perle auf der Schnur stand eine autosuggestive Formel, die so besser vergegenwärtigt werden konnte. Beispiel für eine autosuggestive Formel nach Coué: »Mit jedem Tag geht es mir in jeder Hinsicht besser und besser.« Autosuggestionen dieser Art wurden als ein »Sich selbst einreden« kritisiert. Die Gefahren eines solchen Ansatzes sind allerdings offensichtlich: Unrealistische Selbstverbalisationen können die vorhandenen Probleme noch verschlimmern. Auf die Einbettung autosuggestiver Formeln ist deshalb immer besonders genau zu achten.

Ausdrücklich auf inneres Sprechen bezieht sich die *Selbstverbalisationstherapie* (die auch unter anderen Namen im Umlauf ist). Wir wollen sie deshalb an dieser Stelle skizzieren. Von Donald Meichenbaum in den 1970er Jahren als Verfahren der kognitiven Wende in der Verhaltenstherapie entwickelt, stellt sie einen so selbständigen Ansatz dar, daß sie in diesem Buch für sich stehen soll. Ergänzt wird sie hier durch Beiträge der rational-emotiven Therapie nach Ellis, welche ebenfalls die Wichtigkeit innerer Monologe betont.

Die Bedeutung inneren Sprechens (und Hörens) wurde keineswegs nur in der Verhaltenstherapie erkannt. Tatsächlich lassen sich nach Meichenbaum die Wirkungsweisen vieler ganz unterschiedlicher Therapieverfahren so erklären, daß sie ihre Erfolge einer Änderung der Selbstverbalisation zum Problemverhalten verdanken, daß Selbstverbalisationsänderungen also der grundlegende Faktor in der Therapie und beim Therapieerfolg seien. Wichtig ist hier deshalb die Darstellung der Art des Ansatzes, nicht eine Darstellung und Abgrenzung der (umfassenderen) Verfahren von Meichenbaum und Ellis.

Ansatzpunkt des Selbstverbalisationstrainings war die Beobachtung, daß viele Kinder ihr Handeln mit Selbstgesprächen begleiten. Beim Vergleich von effektiv und nicht effektiv handelnden Kindern wurde beobachtet, daß gerade die effektiveren laut oder leise zu sich selbst sprechen, und zwar aufgabenbezogen. Auch die nicht effektiven Kinder sprechen, aber weniger auf die Aufgabe bezogen, sondern zur Umgebung gewandt und zusammenhangsloser. Der Versuch, diese Selbstverbalisationen bei impulsiven Kindern aufgabenbezogener und mehr im Sinne von Handlungsanweisungen an sich selbst zu gestalten, führte zu einer Verbesserung des Arbeitsverhaltens. Die Selbstverbalisationen begleiteten das Handeln der Kinder offensichtlich nicht nur, sondern beeinflußten es auch.

Ähnlich ist es bei den Erwachsenen. Ein Unterschied besteht nur insofern, als das Sprechen der Kinder mit den Jahren immer mehr nach innen verlagert wird, das laute Sprechen wandelt sich zum leisen, das leise zum unhörbaren, das unhörbare zum bewußt nicht mehr wahrgenommenen. Das Sprechen bleibt dabei jedoch immer bestehen – es begleitet und wirkt, es läßt sich zum Teil wieder bewußt machen und verändern.

Wichtig für einen effektiven inneren Monolog nach Meichenbaum sind:

1. Aufgabenstellung und Problemdefinition (»Was muß ich eigentlich tun?«)
2. Gerichtete Aufmerksamkeit (»Ich muß konzentriert sein, besser langsam als schnell.«)
3. Handlungsanleitung (»Ich muß jetzt genau dies und das tun.«)
4. Selbstverstärkung (»Das hat jetzt gut geklappt. Na bitte, das wird schon!«)
5. Korrektur (»Das muß anders werden, aber vorsichtig!«)

Solche Selbstverbalisationen sollten die eigenen Tätigkeiten führend begleiten. Albert Ellis (1977) hat darauf hingewiesen, daß bei Erwachsenen besonders die Gefühle durch negative Selbstverbalisationen und zugrunde liegende ungünstige Überzeugungen beeinträchtigt werden und zu problematischem Verhalten führen. Ein besonderer Anlaß, beispielsweise ein Mißerfolgserlebnis, führt auf der Grundlage von ungünstigen Grundüberzeugungen (»Es ist wichtig, immer kompetent zu sein«) über entsprechende Selbstverbalisationen (»Ich kann nichts!«) zu negativen Gefühlen, die das Verhalten beeinträchtigen, beispielsweise zu sozialem Rückzug führen und so die Möglichkeit von Erfolgserlebnissen vermindern. Im folgenden eine Auswahl solcher ungünstiger Überzeugungen nach Ellis, die häufig anzutreffen sind:

- Ich muß unbedingt von allen anderen geliebt werden.
- Ich muß überall kompetent und tüchtig sein, sonst bin ich kein wertvoller Mensch.
- Manche Menschen sind schlecht oder böse und sollten dafür bestraft werden. Ich muß sie unbedingt auf ihre Fehler aufmerksam machen.
- Wenn etwas nicht so ist, wie ich will, ist das eine Katastrophe.
- Unglück kommt immer von außen, ich kann nichts dagegen tun.
- Ich muß immer daran denken, daß gefährliche oder beängstigende Dinge jederzeit geschehen könnten.
- Es ist leichter, sich den Schwierigkeiten oder Verpflichtungen zu entziehen, als sich ihnen zu stellen.
- Ich brauche jemand Starkes, auf den ich mich stützen kann.
- Mein gegenwärtiges Leben wird entscheidend von meiner Vergangenheit bestimmt, weil diese unauslöschlich ist.
- Wenn andere Menschen Probleme haben, muß ich davon stark betroffen sein.
- Es gibt für alle Probleme eine einzige richtige und perfekte Lösung, die es nur zu finden gilt.

Solche Überzeugungen können identifiziert und bearbeitet werden. Dabei gilt es, Gegenargumente zu finden. Die Frage *Weshalb denn eigentlich?* ist ein guter Anfang. Es geht dann nicht etwa darum herauszufinden, welche Überzeugungen die »wahreren« sind (über Wahrheit läßt sich immer streiten), sondern darum, welche Überzeugungen für mich selbst und mein Zurechtkommen in der Welt hinderlich oder günstig sind. »Unangemessen« heißen diese Überzeugungen nicht, weil sie in einem objektiven Sinne falsch wären, sondern weil sie den Menschen in seiner Freiheit und Lebenskraft behindern. Darüber, ob es günstig ist, immer und überall kompetent zu erscheinen, mag es unterschiedliche Ansichten geben. Aber es ist klar, daß eine solche Einstellung ungünstig für das eigene Auftreten ist, weil sie unter Druck setzt und damit kompetentes Verhalten eher verhindert als fördert.

Ellis und Meichenbaum betonen die Wichtigkeit von Rationalität und Vernunft für das gelingende eigene Leben – vielleicht zu sehr. Daß Klarheit und Rationalität manchmal sehr hilfreich sein können, ist aber offensichtlich. Gelenkte Selbstverbalisationen fördern dabei die Rationalität. Wichtig ist aber eine therapeutische Unterstützung der »hellen« Seite im Disput dieser Selbstverbalisationen, damit im Argumentieren, im inneren Dialog, nicht etwa die »dunkle« Seite gewinnt.

Wie Seligman (1993) ausführt, scheinen Selbstverbalisationen vor allem im Zusammenhang mit Niederlagen wichtig zu sein. Wesentlich sind danach gerade die Dinge, die wir uns sagen, wenn wir scheitern (oder zu scheitern meinen). Deshalb ist es wichtig, zunächst die automatischen Gedanken zu erkennen, die in Niederlagen oder Depressionen aufkommen. Diesen Gedanken gilt es dann mit Gegenbeweisen entgegenzuarbeiten. Andere Erklärungen für die Probleme oder das Scheitern sollen gefunden werden, um mit ihrer Hilfe gegen die automatischen Gedanken anzukämpfen. Auch Ablenkungen von deprimierenden Gedanken sind günstig. Und nicht zuletzt sollen die depressionsträchtigen Grundannahmen erkannt und abgebaut werden, die das Handeln vieler Menschen bestimmen.

Solche Grundannahmen haben wir alle. Die meisten Menschen neigen von sich aus bereits zu einer mehr optimistischen oder pessimistischen Grundhaltung. Lazarus (1980) meint, daß diese durch Vorstellungsbilder über die Zukunft geprägt wird.

Grundtenor bei Seligman ist ein Lob des Optimismus. Das heißt aber nicht, anderen alles in die Schuhe zu schieben oder Scheuklappen zu tragen. »Optimist zu sein heißt vielmehr, eine Reihe von Techniken zu lernen, die Ihre *Selbstgespräche* bei persönlichen Mißerfolgen betreffen. Sie werden lernen, sich selbst bei Ihren Niederlagen mehr Mut zuzusprechen.« Und: »Ich predige hier keinen absoluten, bedingungslosen Optimismus, den Sie blindlings in allen Lebenslagen anwenden sollten, sondern biete das Konzept eines *flexiblen*

Optimismus an.« – »Als oberste Richtlinie, wann man *keinen* Optimismus einsetzen sollte, gilt die Frage, welchen Preis das Scheitern in einer bestimmten Situation hat. Ist der Preis hoch, so ist der Einsatz von Optimismus die falsche Strategie.« Eine Einsicht, die wohl für unser gesamtes Handeln gilt.

Die Praxis der inneren Bilder

»In eben diesem klafterhohen, mit Wahrnehmung und Bewußtsein versehenen Körper, da ist die Welt enthalten, der Welt Entstehung, der Welt Ende und der zu der Welt Ende führende Pfad.«
Shakyamuni nach dem Anguttara-Nikaya IV, 45 (eine Rede von vor etwa 2.400 Jahren)

»Es schadet nichts, in einem Entenhofe geboren zu sein, wenn man nur in einem Schwanenei gelegen hat!«
Hans Christian Andersen in »Das häßliche junge Entlein«

Unverzichtbar für die professionelle psychologische Arbeit mit Menschen im Allgemeinen und für die Arbeit mit Imaginationen im Besonderen ist eine solide psychologische Grundausbildung, wie sie alle Psychologen haben sollten und außerdem manche Ärzte und Pädagogen haben. Wenn mit Imaginationen im psychosomatischen Bereich gearbeitet wird, müssen biologisch-medizinische Kenntnisse hinzukommen. Auf einer solchen Grundlage aufbauend halte ich eine Adaptation vieler der im vorigen Buchteil dargestellten Techniken in die eigene Arbeitsweise nicht nur für möglich, sondern für sehr wünschenswert und bereichernd. Die Anbindung der Imaginationstechniken an die Theorien der jeweiligen Therapieverfahren ist lose. Manche Techniken finden sich mit geringen Abwandlungen oder nur mit anderem Namen in verschiedenen Einbettungen wieder. In keinem Fall scheint mir der Bezug zu einer zugrundeliegenden Gesamtmethodik so stark, daß eine Imaginationstechnik nicht verpflanzt werden könnte.

Dieser letzte Buchteil versucht deshalb zu zeigen, wie, eingebettet in eine beliebige psychotherapeutische Schulausrichtung oder ganz unabhängig von einer psychotherapeutischen Schule, mit inneren Bildern gearbeitet werden kann. Er gestaltet einen allgemeinen Rahmen für die Arbeit und stellt schulrichtungsfreie Adaptationen vor.

Indikation und Rahmen

»Die Allerklügsten nur und die Allerdümmsten ändern sich nie.«
Kung Tze (Konfuzius) nach dem Lun Yü vor etwa 2.500 Jahren

Grundsätzlich läßt sich bei fast allen Menschen mit Imaginationen arbeiten. Bei manchen psychotischen Störungen allerdings ist Vorsicht angebracht und eventuell auf eine solche Herangehensweise lieber zu verzichten, wenn nämlich dem Imaginierenden die Unterscheidung zwischen Wirklichkeit und Imagination schwerfällt. Das Problem psychotischer Störungen liegt oft eben darin, daß beispielsweise innere Verbalisationen nicht als solche erkannt werden, sondern Zuschreibungen erhalten wie: »Gott spricht zu mir«. In Fällen einer starken Verwischung von Realität und Imagination oder Verbalisation gewinnt die Arbeit mit inneren Bildern deshalb eine ganz andere Qualität und sollte, wenn überhaupt, äußerst vorsichtig durchgeführt werden. Benedetti & Peciccia (1997) allerdings berichten über die Arbeit mit psychotischen Patienten, die durch Malen innere Bilder und Befindlichkeiten zum Ausdruck brachten und vom Therapeuten, gleichfalls durch gemalte Bilder, zurückgespiegelt bekamen. Depressive Störungen und manche Persönlichkeitsstörungen bringen dagegen das Problem mit sich, daß sich die Betroffenen nicht auf die Bilder oder Verbalisationen einlassen können oder wollen.

Courbois (1996) erhob bei Adoleszenten mit mentaler Retardierung sowohl soziokultureller als auch organischer Herkunft ein starkes Defizit der Imaginationsfähigkeiten und verdächtigt dieses Defizit, auch für andere Schwierigkeiten Retardierter verantwortlich zu sein. Bei geistig Behinderten gilt es also besonders zu prüfen, ob Imaginationsfähigkeiten soweit ausreichend vorhanden sind, daß mit ihnen gearbeitet werden kann.

Imaginationen können bei fast allen Problemen sinnvoll zum Einsatz kommen. Wie der vorige Buchteil zeigt, wird mit ihnen sowohl bei existentiellen Fragestellungen als auch bei klar umrissenen Phobien gearbeitet. Dazwischen finden sich Berichte über das gesamte Spektrum von psychotherapeutisch relevanten Problemen: Ängste, posttraumatische Belastungsstörungen, Sucht- und Abhängigkeitsprobleme, psychosomatische Fragestellungen aller Art, Partnerschaftsprobleme, Kommunikationsprobleme, Persönlichkeitsprobleme, Schlafstörungen, Schmerz, Eßstörungen, sexuelle Probleme, Überlastungsprobleme, psychiatrische Störungen. Man kann sagen, daß ein sinnvoller Einsatz von inneren Bildern im gesamten Spektrum der Psychotherapie möglich ist. Die Frage ist weniger: »Kann« als vielmehr »Soll ich bei der gegebenen Fragestellung mit inneren Bildern arbeiten?« und »Wie gestalte ich die Arbeit mit inneren Bildern bei einem gegebenen Problem optimal?« Das aber hängt von den individuellen Umständen ab.

Günstig sind lebhafte und emotional tiefe Vorstellungen beim Imaginierenden. Voraussetzung ist das aber nicht: die Vorstellungskraft wird sich mit zunehmender Erfahrung weiterentwickeln. Nicht die Lebhaftigkeit ist entscheidend, sondern ob überhaupt ein Kontakt mit inneren Bildern gelingt. Die Erwartungshaltungen des Imaginierenden sollten vor allem anfangs durch die Wortwahl nicht überstrapaziert werden. Deshalb ist es, wie durch Leuner angeregt, anfangs vorzuziehen, von »Vorstellen« statt von »Sehen« zu reden. Zwar können sich alle Menschen beispielsweise eine Blume oder einen Waldsee »vorstellen«, manche haben aber Probleme damit, bei sich die Art der sich einstellenden inneren Repräsentation als ein »Sehen« anzuerkennen.

Vorstellungen sind von Mensch zu Mensch offensichtlich sehr unterschiedlich bildhaft: Manche können den imaginierten Waldsee so bildhaft wie in der Realität erleben, andere gelangen zwar zu einer Vorstellung des Waldsees, können ihn beschreiben, ohne dabei jedoch den Eindruck einer visuellen Erfahrung zu haben. Die meisten Menschen liegen zwischen diesen Extremen; mit allen läßt sich auf der Basis von »Vorstellungen« weiter daran arbeiten. Wenn das Fehlen lebhafter visueller Eindrücke in der Imagination als Mangel empfunden wird, können Übungen wie auf Seite 132 helfen.

Wie gleichfalls im vorigen Buchteil dargestellt, ist der Einsatz von Imaginationen in den psychotherapeutischen Verfahren überall ein wenig verschieden. Zielsetzungen sind aber immer wieder dieselben anzutreffen:

- **Problemverdeutlichung**. Innere Bilder können die Diagnostik wesentlich unterstützen und differenzieren. Verschiedene konkrete Aspekte des verbal oft nur abstrakt genannten Problems werden unterschieden und damit Ansatzpunkte für Interventionen gewonnen. »Finden Sie für Ihr Problem ein Bild.«

- **Differenzierung zwischen Realität und Vorstellung.** Imaginatives Erleben erlaubt weit besser als das (meist zu nahe) Erleben in der Realität, zwischen Vorstellungen über die Realität und der Realität selbst aufmerksam zu werden und künftig zwischen beidem besser unterscheiden zu können. Irrationale Vorstellungen können erkannt werden. Vor allem durch die Möglichkeit, imaginativ in die Haut unterschiedlicher Gestalten zu schlüpfen (beispielsweise in die eigene und dann in die des Partners), werden Projektionen leichter aufgedeckt.
- **Erwartungshaltungen korrigieren.** Diagnostisch ist das Erkennen von Erwartungshaltungen durch das Durchleben von Imaginationen zu verstehen, bereits therapeutisch die oft auf das bewußte Erkennen folgende Korrektur von irrationalen oder übertrieben hohen und negativen Erwartungshaltungen.
- **Probehandeln.** Erwünschtes Handeln kann durch wiederholtes erfolgreiches Vorstellen im Sinne von Probehandeln zur Milderung von Problemen beitragen.
- **Affektabbau.** Entsprechend kann durch wiederholtes Durchleben vergangener, allgemein befürchteter Ereignisse ein Abbau von übertrieben starken oder irrelevanten Affekten erreicht werden.
- **Ganzheitliches Erleben.** Therapeutisch kann die Beachtung aller beteiligten Reaktionen bei imaginierten Szenen angesprochen werden: Gedanken, Gefühle, Körperreaktionen, Verhalten. In der realen Situation ist das kaum je möglich. Das kann therapeutisch außerordentlich wertvoll sein, weil über das Bewußtmachen und die Veränderung begleitender Reaktionen oft ein direkter Einfluß auf das Problem gewonnen werden kann (beispielsweise durch die Körperhaltung bei einem imaginierten Bewerbungsgespräch).
- **Zusammenhänge erkennen.** Oft nehmen in Imaginationen unerwartet Zusammenhänge zwischen verschiedenen Problemen Gestalt an, die der Therapie eine neue Wendung geben oder sie entscheidend vertiefen können.
- **Imaginationskontrolle.** Innere Bilder entstehen auch ganz spontan. Sie stellen einen wichtigen Verhaltensaspekt mit Rückwirkungen auf unser weiteres Erleben und Handeln dar. Ihre Integration in das bewußte Erleben ist ein Ziel im Sinne der Selbstkontrollansätze, die jedes Therapieverfahren haben sollte.

- **Körperkontrolle.** Die Beeinflussung biologischer Körpervorgänge durch Imaginationen ist nicht nur für Entspannungsverfahren und die Gesundheitspsychologie interessant, sondern auch bei zahlreichen verhaltensbezogenen Problemen wie Schüchternheit oder Angst.
- **Veränderung des inneren Dialogs.** Der innere Dialog, der dem Verhalten fast immer vorausgeht, es begleitet und ihm folgt, verändert sich in eine angemessene Richtung oder gewinnt subjektiv eine andere Bedeutung.
- **Emotionale Beteiligung.** Die Arbeit mit inneren Bildern kann die emotionale Beteiligung des Imaginierenden steigern.

Hieran ansetzend können Anhaltspunkte für den Einsatz von inneren Bildern in der Therapie gewonnen werden. Eine Herangehensweise, die nur an der Arbeit mit inneren Bildern und Selbstverbalisationen ansetzt, ist aber zu eng. Angemessener ist eine Mischung aus therapeutischem Gespräch, der Beschäftigung mit inneren Bildern, praktischen Übungen und Aufgaben innerhalb und außerhalb der Therapiestunde.

Innere Bilder profitieren von einer vorangehenden kurzen Entspannung. Dafür sollten die äußeren und inneren Bedingungen vorhanden sein oder geschaffen werden (bequeme Sitz- oder Liegemöglichkeit, Zeit, zur Ruhe zu kommen, unterstützende Atmosphäre, Entspannungsinstruktionen). Ich bevorzuge bei der Arbeit mit inneren Bildern atembezogene Entspannungsinstruktionen, eventuell mit einem Ruhebild oder einer kurzen Fantasiereise. Das kann sehr kurz und trotzdem intensiv gehalten sein, und es benötigt keine Vorkenntnisse beim Imaginierenden. Natürlich ist auch jede andere Entspannungsmethode möglich.

Oft wenig beachtet, aber relevant ist die Frage, wie offen oder geschlossen Bilder vom Therapeuten vorgegeben werden sollen. In der Literatur wird fast immer empfohlen, den Imaginierenden selbst entscheiden zu lassen, ihn nur »wohlwollend, unterstützend« zu begleiten, also offene Imaginationsvorgaben zu bieten. Ich habe versuchsweise Vorstellungsbilder sehr genau vorgegeben, dann ähnliche Vorstellungsbilder nur grob skizziert und viel Platz für die Vorstellungskraft gelassen. Jeweils etwa die Hälfte der Teilnehmer an diesen Versuchen favorisierte die klar strukturierten und stark vorgegebenen bzw. die wenig strukturierten offenen Anleitungen. Offene Anleitungen erlauben dem Imaginierenden, mehr eigene Vorstellungen einzubringen und die Imagination so für sich selbst stimmiger und näher machen – aber sie lassen ihn nur das erleben, was er gewohnt ist, während stark strukturierte Anleitungen neue Erfahrungen ermöglichen. In der jeweiligen Situation wird zu entscheiden sein, was von beidem wichtiger ist.

Die anschließende Besprechung der Imagination wird je nach dem Klienten mal mehr, mal weniger ausführlich sein. Es ist wichtig, mögliche Beziehungen der Imagination zum realen Leben und dem zu behandelnden Problem zu betrachten. Aber die Bilder sollten nicht rationalisiert und zerredet werden. Bilder sind mehrdeutig, Reden über Bilder wird fast immer nur *eine* mögliche Deutung oder wenige Aspekte der Bilder hervorheben und anderes vernachlässigen. Das kann von Nachteil sein. Andererseits erlaubt das Reden über die Imagination eben auch die gezielte Hervorhebung von therapeutisch wichtigen Aspekten und die weitere Arbeit daran. Wenn Bilder nur so stehenbleiben, wie sie erlebt werden, kann das zu vage bleiben. In der therapeutischen Situation gilt es hier die richtige Position zwischen den Polen zu finden. Dazu unten mehr.

Der Bezug zur Realität wird bei vielen Imaginationen außerdem durch Hausaufgaben sowie durch praktische Übungen im Alltag und in Problemsituationen herzustellen sein. Imaginative Bewältigungsmöglichkeiten beispielsweise zur Angst lassen sich nach der Vorstellung auch in der kontrollierten Problemsituation üben.

Somit ergibt sich für die Durchführung von Imaginationen eine natürliche Folge von:
1. Einleitende Entspannung,
2. Durchführung der Imagination,
3. Besprechung der Imagination,
4. Anwendung der Imagination oder der Erkenntnisse daraus im Alltag.

Anleitung und Interpretation

> »[...] gerade Thatsachen giebt es nicht, nur Interpretationen. Wir können kein Factum ›an sich‹ feststellen: vielleicht ist es ein Unsinn, so etwas zu wollen. ›Es ist alles subjektiv‹ sagt ihr: aber schon das ist Auslegung, das ›Subjekt‹ ist nichts Gegebenes, sondern etwas Hinzu-Erdichtetes, Dahinter-Gestecktes. – Ist es zuletzt nöthig, den Interpreten noch hinter die Interpretation zu setzen? Schon das ist Dichtung, Hypothese.
> Soweit überhaupt das Wort ›Erkenntniß‹ Sinn hat, ist die Welt erkennbar: aber sie ist anders deutbar, sie hat keinen Sinn hinter sich, sondern unzählige Sinne ›Perspektivismus‹. [...]«
> Friedrich Nietzsche, Nachgelassene Fragmente 1886/87

Alles, was wir erfahren, bedarf der Interpretation, um bedeutsam werden zu können. Interpretieren ist Analysieren und Assoziieren, Bewerten. Analysieren bezieht sich im wesentlichen auf den inneren Zusammenhang dessen, was wir erfahren, die Assoziation verbindet das Erfahrene mit Bekanntem, bettet es ein und verleiht ihm damit Bedeutung.

Die Assoziation nimmt also Erfahrung auf, aber die Erfahrung wird in Beziehung gesetzt zu anderem, mir schon Bekanntem und erfährt damit selbst eine Veränderung: als emotionale Tönung, als Informationszuwachs sogar, der nicht aus den Dingen selbst stammt, sondern wesentlich von meiner momentanen eigenen Verfassung bestimmt wird, wie sie erwachsen ist aus meiner biologischen Anlage und meiner ganzen bisherigen Lebenserfahrung, aktuell moduliert durch vielfältige Umstände sozialer, biologischer und psychologischer Natur. Emotionen aber sind wesentlich Bewertungen.

Diese unterschiedliche innere Verfassung verschiedener Menschen kann bei ein und demselben Gegenstand ganz unterschiedliche Assoziationen hervorrufen und in gegensätzliche Reaktionen münden.

In einem Seminar zu Schlafstörungen führte ich eine Fantasiereise zur Entspannung durch. Die Anleitung zur Vorstellung lautete: *Ein warmer Sommertag, barfuß gehen über die Wiese zum Baum, sich niedersetzen, gelehnt an den Stamm, und den Vögeln lauschen, den Grillen, fernen Geräuschen. Wolken ziehen am Himmel...* Anschließend meinte eine Frau: Barfuß gehen über eine Wiese? Dauernd habe sie an Schnecken gedacht und sich überhaupt nicht entspannen können, das sei doch eklig! Die anderen Teilnehmer fanden die Fantasiereise dagegen sehr entspannend.

Was geschieht beim Vortrag einer Fantasiereise, beispielsweise beim Gehen über eine Wiese? »Stell dir vor, du gehst über eine Wiese. Die Empfindung der Schritte, nachgebendes Gras«. Die Worte werden aufgenommen und im Zuhörer belebt, ein Assoziationsraum wird aufgebaut, der wesentlich aus Dingen besteht, die in den Worten selbst gar nicht zu finden sind. Da ist vielleicht ein Geruch von Heu aus ferner Kindheit; da ist Wärme, Licht; Geräusche werden noch gar nicht erwähnt, aber aus der Erinnerung mögen schon Lerchen oder Grillen ihr Lied beginnen; da kann auch eine kinästhetische Empfindung bestehen; der Atem kann sich verlangsamen, vertiefen. Schlüsselworte bauen eine eigene innere Welt auf; eine Entspannungsreaktion kann sich einstellen – wenn der Assoziationsraum entsprechend getroffen wird.

Diese Entspannungsreaktion ist weniger abhängig von den gewählten Worten des Vortragenden als von den weiteren Assoziationen des Hörenden. Die gewählten Worte stoßen diese Assoziationen nur an. Werden mit dem Gehen über eine Wiese unangenehme Erinnerungen assoziiert – sei es das Treten auf Schnecken oder die folgenreiche Auseinandersetzung mit dem Partner –, wird der Assoziationsraum eine ganz andere emotionale Tönung aufweisen und in geradezu gegensätzlichen Reaktionen münden können, sei es nun Ekel, Wut oder Haß.

Sprache dient der Verständigung, ihre Worte müssen dazu etwas bei allen Menschen Gemeinsame anstoßen. So ist es also nicht gleichgültig, was für Worte gewählt werden. »Meer« oder »Himmel« werden bei allen Menschen *ungefähr* ähnliche Assoziationen auslösen. Wenn ich Weite und Freiheit ansprechen möchte, werde ich eher diese Begriffe wählen, weniger etwa »Feuer«. Wenn ich Entspannung herstellen möchte, werde ich Naturbilder wählen, Elementares, Wasser, Erde, Wolkenzug, keinen Gang durch ein Rechenzentrum oder über eine Straßenkreuzung. Letztlich entscheidet aber das mit dem Wort verknüpfte private Erleben, wie es sich aus den bisherigen Erfahrungen des jeweiligen Menschen herausgebildet hat.

Wichtig ist auch die Atmosphäre, in der die Imagination stattfindet und die Art und Weise der Anleitung. Ist die Atmosphäre entspannt und der Sprecher angenehm, werden eher angenehme Erinnerungen aktiviert. Ist der Raum kalt, die Ansprache mißlaunig und erinnert der Sprecher an einen früheren Freund, wird eine Hörerin nicht die durchaus vorhandene Sommerwiese ihrer Erinnerung aktivieren, sondern den katastrophalen Aussprachespaziergang vom letzten Winter mit ihrem damaligen Freund.

Am Anfang stehen die gehörten Worte. Sie werden analysiert, in eine Beziehung zu unserer vorhandenen kognitiven Organisation gesetzt, emotional bewertet, sie rufen Assoziationen hervor und konstituieren einen Erlebensraum mit einer emotionalen Tönung, die unsere körperlichen Reaktionen und nachfolgenden Gedanken bestimmt. Pro Sekunde empfangen wir über unsere Sinnesorgane etwa 10 Millionen Bit. Die ganze Bandbreite unseres Gehirns mit allen internen Prozessen beträgt pro Sekunde mindestens 10 Milliarden Bit. Im Bewußtsein befinden sich pro Sekunde um die 10 Bit. Die wesentlichen Verarbeitungsstufen des Gehörten wie auch die meisten Reaktionen darauf geschehen unbewußt. Wir kontrollieren sie nicht.

Was wir kontrollieren können, ist wenig; es sind bei geführten Imaginationen die Schlüsselworte der Anleitung, bei freien Imaginationen der Erwartungsrahmen und die Kommentare.

Bei den Kommentaren ist die sehr große Spannbreite sinneshafter Vorstellungen zu beachten. Theorien von inneren Bildern, die bei allen Menschen mehr oder weniger gleich aussehen und einem kollektiven Unbewußten angehören (C. G. Jung), sollten die eigene praktische Arbeit nicht leiten. Ich meine zwar durchaus, daß alle Menschen ähnliche Grunderfahrungen machen und sich für diese im allgemeinen auch ähnliche innere Bilder und Symbole einstellen. Wäre das nicht so, wären weder ein therapeutischer Prozeß noch überhaupt einigermaßen tiefgehende menschliche Kommunikation möglich. Wir kommunizieren hauptsächlich dadurch miteinander, daß wir ähnliche innere Bilder anstoßen, die auf ähnliche Erfahrungen verweisen.

Dabei sollten beim Gegenüber aber auch andersartige Auffassungen erwartet und zugelassen werden. Unsere Erfahrungen mögen ähnlich sein – sicher sind sie nicht identisch. Ich arbeite vor allem mit Gruppen und kann die Bedeutung dieses Punktes dort gut erfahren und demonstrieren. Dazu schließen alle Teilnehmer die Augen und stellen sich beispielsweise die »Farbe der Ruhe« vor, Ruhe im Sinne angenehmer, entspannender Stille. Jeder Teilnehmer hat eine klare Vorstellung davon, welche Farbe mit dieser angenehmen Ruhe zu verbinden ist. Rundum gefragt aber ergibt sich das gesamte Farbenspektrum, einschließlich schwarz und weiß und bunt. Wenn ich beim Gegenüber Bilder erwarte, die meinen entsprechen oder bei tatsächlich identischen Bildern unbedingt erwarte, daß sie auch dasselbe bedeuten, verlasse ich den Bereich der Kommunikation und Verständigung und begebe mich in das Fahrwasser einer Ideologie, mag sie sich nun wissenschaftlich nennen oder nicht.

Bilder sind immer vieldeutig und können daher verschieden interpretiert werden. Oft liegen Bedeutungen gleichermaßen nahe, schließen einander aber aus. Das Beispiel des bekannten Kippbilds kann hier helfen: Ist es die »richtige« Interpretation, das Bild als Vase zu deuten? Oder ist es »richtig«, zwei einander zugewandte Gesichter darin zu sehen? Wir können immer nur eine Deutung davon wahrnehmen. Das heißt aber nicht, daß die gerade nicht gesehene falsch ist. Im Rahmen der Imagination werden wir die Deutung vorziehen, die für unser Leben oder für unser Problem am hilfreichsten ist, meist wird das eine solche sein, die unser Verhaltens- und Erlebensspektrum erweitert.

Solche Interpretationen geschehen »von selbst«, ohne bewußtes Zutun. Besonders bedeutsam wird das, wenn (innere) Bilder mit starken Gefühlen erlebt werden. Der depressive Mensch wird ein bestimmtes Bild, ein bestimmtes Erlebnis, depressiv gefärbt wahrnehmen und interpretieren (er wird es in seine Depression einbauen und sie damit bestätigen), ein euphorisch gestimmter Mensch nimmt dasselbe Bild, dasselbe Erlebnis euphorisch auf. Unsere Stimmungen haben so die Tendenz, sich selbst zu bestätigen und aufrechtzuerhalten (das ist beispielsweise ein großes Problem gerade bei Depression und bei Angstzuständen). Umgekehrt läßt sich so über die bewußt veränderte Interpretation innerer Bilder (beispielsweise erinnerter Erlebnisse oder durch Visualisierungen neu gesetzter innerer Bilder) Einfluß auf Stimmungen und Gedanken nehmen.

Zwei Demonstrationen

Bei allen Verfahren, die über Vorstellungskräfte arbeiten, ist es günstig, zunächst den Einfluß von Imaginationen auf die äußere Realität zu demonstrieren, am Beispiel des Einflusses auf den eigenen Organismus. Dazu eignen sich sehr gut das *Zitronenbeispiel* und die *Pendelübung*. Beide zeigen, daß die eigene Vorstellung auch auf das Körpergeschehen Einfluß nimmt und Körpergeschehen über die Vorstellung in eine bestimmte Richtung lenkbar ist. Die Übungen überzeugen davon, daß dies bei allen Menschen der Fall ist und keinesfalls nur etwa bei besonders geübten Yogis. Möglichen Vorbehalten der Art, Vorstellungen seien doch nur etwas Irreales, Versponnenes, ohne weiteren Einfluß auf die Wirklichkeit, wird so eindrücklich begegnet.

Pendelversuch

Der Pendelversuch dient zur Demonstration der Vorstellungskraft auf muskuläre Vorgänge. Er hat außer dem Instrumentarium nichts mit dem »siderischen Pendel« zu tun, mit dem früher Wahrsagekünste betrieben wurden (Geschlecht eines noch ungeborenen Kindes auspendeln usw.).

Benötigt wird ein etwa 20 Zentimeter langer Faden. An das eine Ende wird ein kleines Gewicht gebunden, beispielsweise eine Metallscheibe, ein Ring oder etwas ähnlich Schweres und Kompaktes. Am anderen Ende wird ein dickerer Knoten geknüpft, damit sich der Faden besser fassen läßt. Die dominante Hand faßt diesen Knoten, der Ellenbogen stützt sich für einen besseren Halt auf: entweder auf einen Tisch oder auf den eigenen Oberschenkel. Der Faden hängt nun mit dem Gewicht vor dem eigenen Körper. Er wird zur Ruhe gebracht. Wenn er ganz ruhig ist, stellt man sich vor, daß die Kugel oder der Ring zu drehen beginnt, und gibt dazu innerlich eine Drehrichtung vor. Das kann durch inneres Sprechen ergänzt werden: »Dreh dich, dreh dich rechts herum« beispielsweise. Dabei wird die Hand nicht bewußt bewegt. Nach einiger Zeit – meist sehr rasch – zeigt der Ring tatsächlich eine Bewegung in die vorgestellte Richtung. Zur Kontrolle kann nun mental das Gewicht angehalten und eine Drehung in die Gegenrichtung vorgegeben werden, oder eine Bewegung vor und zurück, oder nach rechts und nach links.

Bei etwa 90 Prozent aller Menschen gelingt die Bewegung des Pendels bereits beim ersten Versuch – ganz unabhängig davon, was sie erwarten (ich erinnere mich noch gut an meine äußerste Skepsis beim ersten eigenen Versuch und an das weite Ausschwingen des Pendels, das jedem meiner erstaunten Gedanken treu zu folgen vermochte – ohne daß ich den Eindruck einer bewußten Bewegung gehabt hätte). Johannes H. Schultz berichtet in seinem Lehrbuch zum autogenen Training, ihm sei unter Tausenden von Menschen nur eine einzige Person begegnet, bei der der Pendelversuch dauerhaft mißlungen sei: eine Schauspielerin, die für ihre Körperbeherrschung bekannt war.

Ich setze den Pendelversuch in Gruppen immer nur einmal ein, ohne Wiederholungsmöglichkeit. Wenn er bei einzelnen Menschen mißlingt, braucht das nicht näher thematisiert zu werden. Denn es gibt noch ein zweites Beispiel zum Einfluß der Vorstellung auf reale körperliche Vorgänge, das ich gleich anschließend vorstelle, das *Zitronenbeispiel*.

Zitronenbeispiel

Setzen Sie sich bequem hin und schließen Sie die Augen …

Stellen Sie sich einen Tisch vor sich vor, auf dem eine Zitrone liegt, und neben der Zitrone ein Messer …

Schneiden Sie die Zitrone in zwei Hälften …

Führen Sie eine der Hälften zum Mund …

Beißen Sie herzhaft hinein …

[Kurze Pause]

Das war's!

Was glauben Sie nun: Können geistige Vorstellungen etwas bewirken oder nicht? Was haben Sie empfunden?

So etwa kann eine Anleitung dazu lauten.

Die Zitronenvisualisierung ist in mancher Hinsicht bemerkenswert. Sie demonstriert eindrücklich die Kraft der Vorstellung und ihre Auswirkungen auch auf vegetativ gesteuerte – also eigentlich nicht willentlich beeinflußbare – Vorgänge wie die Sekretion der Speicheldrüsen, Bildung von Gallensäften und anderem. Wir können auch auf vegetativ gesteuerte Körpervorgänge spürbaren Einfluß nehmen – nicht durch direkte Anstrengung, sondern über den Umweg der Konstruktion passender innerer Bilder.

Die Zitronenvisualisierung zeigt darüber hinaus aber auch die relative Unabhängigkeit dieser Vorgänge von unserem Bewußtsein. Zwar haben wir die Vorstellung des Beißens in die Zitrone bewußt gesetzt – wir wußten aber in jedem Augenblick, daß in Wirklichkeit keine Zitrone vorhanden ist. Der Speichel lief trotzdem!

Nach Hunderten von Zitronenvisualisierungen ist mir noch nie ein Mißerfolg berichtet worden. Zitronenbeispiel oder Pendelversuch sind beide gut geeignet, anfänglicher Skepsis über die Kraft der Vorstellungen zu begegnen – sie machen neugierig und bereiten auf das Weitere vor.

Übungen zur Förderung von Vorstellungsbildern

Die konkrete Arbeit mit Vorstellungsbildern wird am besten durch einen Test eingeleitet, wie gut diese gelingen. Das kann ein Ruhebild sein (siehe nächster Abschnitt), beispielsweise die Vorstellung einer Blume oder eines Sandstrands. Eine Anleitung dazu:

Setzen Sie sich bequem hin und schließen Sie die Augen … Stellen Sie sich nun eine Blume vor, eine Blume Ihrer eigenen Wahl … Blütenblätter, Kelch, die Farben, Formen … Vielleicht können Sie die Weichheit empfinden, vielleicht empfinden Sie auch ihren Duft …

Es geht nicht um ein »Sehen«, sondern um ein »Vorstellen«: Durch diese Wortwahl soll der Vergleich mit dem Sehen in der Realität umgangen werden. Ansonsten sind die Worte der Anleitung nicht wichtig. Es kann auch interaktiv vorgegangen werden: Der Imaginierende beschreibt, und der Therapeut fragt nach weiteren Einzelheiten.

Ist überhaupt keine Vorstellung möglich (das scheint sehr selten zu sein) oder gelingt sie nur mit Mühe, kann versucht werden, die Vorstellungskraft zu fördern. Gelingt das nicht unmittelbar mit den folgenden Übungen, können innere Bilder nicht als Mittel der Wahl in der Therapie eingesetzt werden.

Eine Förderübung besteht darin, ein konkretes Objekt, beispielsweise einen Apfel, genau zu betrachten, ihn vielleicht auch zu berühren, in den Händen zu halten, zu ertasten, dann die Augen zu schließen, die Vorstellung des Apfels aber aufrechtzuerhalten. Dabei sollte der Therapeut klar sagen, daß es nicht um ein »Sehen«, sondern um ein »Vorstellen« geht, das nicht unbedingt wie das Sehen in der Realität erscheinen muß. Der Therapeut fragt den Imaginierenden während der Imagination nach einer konkreten Beschreibung des Apfels (oder eines anderen Objekts).

Eine weitere Fördermöglichkeit und Verdeutlichung dessen, was mit »Vorstellen« gemeint ist, besteht darin, den Imaginierenden die Augen schließen zu lassen und dann eine genaue Beschreibung des Weges nach Hause zu fordern, wobei er sich vorstellen soll, diesen Weg selbst zu gehen. Räumliche Orientierungen dieser Art sind das Thema einer ganzen Forschungstradition: Alle Menschen orientieren sich über innere Landkarten.

Eine Übung für zu Hause, um sich an innere Bilder zu gewöhnen, ist der »Vorstellungsspaziergang«. Dazu sollen daheim die Gegenstände im Zimmer genau betrachtet, bewußt mit ihren Farben, Formen, Oberflächen, Materialien wahrgenommen werden. Dann soll man bequem Platz nehmen, die Augen schließen, sich das Zimmer mit den Gegenständen aber vor dem inneren Auge vergegenwärtigen. Der Imaginierende geht mental durch das Zimmer und betrachtet alles. Dann verläßt er in der Vorstellung das Zimmer, geht durch den Flur, öffnet die Haustür und geht hinaus auf die Straße. Dort wandert er eine Zeit lang einen bekannten Weg, der dann ins Unbekannte übergeht. Das kann nach und nach geschehen, aber auch abrupt, etwa durch ein Tor, durch das der Imaginierende schreitet und auf dessen anderer Seite eine Fantasielandschaft beginnt.

Üblicherweise sind Förderungen der Vorstellungskraft nicht nötig, meistens kann problemlos mit inneren Bildern begonnen werden. Die folgenden Abschnitte zeigen verschiedene Möglichkeiten dieser Arbeit, die je nach therapeutischer Zielsetzung zur Anwendung kommen können.

Ruhebilder

Die einfachste bildhafte Vorstellung ist das Ruhebild. Es besteht aus einer einzigen Imagination entspannender Art. Keine Reise wird erlebt, sondern ein einzelnes Bild, beispielsweise eine Blume, ein Garten, ein Meeresstrand oder eine Berglandschaft. Das Ruhebild kann entweder vorgegeben werden (siehe die Blume im vorherigen Abschnitt), oder der Erlebende kann es nach einer offenen Anleitung selbst finden.

Eine solche Anleitung kann etwa folgendermaßen lauten:

Setzen Sie sich bequem hin und schließen Sie die Augen. Stellen Sie sich eine ruhige, unbewegte Situation vor, in der Sie sich völlig entspannen können. Am besten ist ein Bild aus der Natur. Das mag eine Situation sein, die Sie wirklich erlebt haben, wie das Liegen an einem Strand oder das Sitzen im Gras einer Bergwiese. Es kann aber auch nicht real erlebt, sondern erdacht sein. Achten Sie in diesem Bild darauf, was für Sie besonders entspannend ist, und verstärken Sie diese Aspekte noch. Wenn es Dinge gibt, die Sie in diesem Bild stören, lassen Sie diese weg. Errichten Sie sich so Ihr eigenes Ruhebild zur Entspannung.

Danach läßt man dem Imaginierenden einige Minuten Zeit zur Vorstellung des Ruhebilds. Dann wird über die gemachte Erfahrung geredet. Wenn der Erlebende über das Ruhebild berichtet, kann gemeinsam überlegt werden, wie es sich noch besser gestalten läßt. Dabei kann je nach Person die Betonung von Ruhe, Frieden, Kraft, Ausgeglichenheit, Langsamkeit, Regelmäßigkeit, Zufriedenheit, Fülle, Farbe, Wärme angeregt werden. Meist sind Verbesserungen aber gar nicht nötig, und es läßt sich mit dem Hinweis schließen, daß dieses Ruhebild künftig vom Erlebenden auch allein vorgestellt werden kann. Situationen lassen sich überlegen, wo dies hilfreich und angemessen erscheint. Vielleicht sind das Streßsituationen, vielleicht Erholungssituationen, in denen die Ruhe aber nicht von selbst kommen will (beispielsweise bei Einschlafproblemen), vielleicht ist es die Einstimmung auf eine offene Imagination therapeutischen Charakters.

Wenn die eigene Suche nach einem Ruhebild Schwierigkeiten macht oder es aus anderen Gründen angebracht erscheint, kann von außen ein Ruhebild vorgegeben werden. Bei der Arbeit mit einzelnen Personen wird man hier an dem ansetzen, was man von den Vorlieben der Person schon weiß, oder diese kurz erfragen. Bei der Arbeit mit Gruppen kann ein Naturbild am Meer oder wie im unteren Beispiel auf einer Bergwiese gewählt werden.

Stellen Sie sich eine Bergwiese vor, wie Sie Ihnen gefallen würde. Vielleicht liegen Sie dort im Gras oder sitzen auf einer Bank und betrachten die Landschaft, allein oder still mit anderen.

Alles ist genauso, wie Sie es mögen. Die Berge ringsum, die Wiese, vielleicht ist ein Stück weiter ein Wald, und Sie können Vögel singen hören. Vielleicht tönen da Kuhglocken ...

[Längere Pause.]

Achten Sie auf die Ruhe ringsum, auf den tiefen Frieden, auf die Kraft in der Ruhe und in diesem Frieden.

[Längere Pause, dann beenden.]

Fantasiereisen

Fantasie- oder Traumreisen dienen der Entspannung. Im Gegensatz etwa zu herkömmlichen Entspannungsverfahren wie dem autogenen Training oder der progressiven Muskelentspannung stehen bei ihnen aber nicht Übungsanleitungen im Vordergrund, sondern die Entspannung soll ausdrücklich durch innere Bilder mit Entspannungscharakter hergestellt werden.

In der progressiven Muskelentspannung werden zunächst die Hände zu Fäusten geballt, dann wird diese Anspannung losgelassen. – Was empfunden wird, ist Entspannung. Die erreichte muskuläre Entspannung soll sich dann generalisieren und auch zur psychischen Entspannung führen. Fantasiereisen gehen den umgekehrten Weg: zunächst die psychische Entspannung durch innere Bilder, dann eine Generalisierung von der Psyche auf den Körper.

Der Übende wird in der Fantasiereise in eine mentale Situation gebracht, die er als entspannend empfindet. Dazu eignen sich besonders Naturbilder, beispielsweise ein Waldspaziergang, das Beobachten ziehender Wolken, ein Spaziergang über Wiesen und Felder oder an einem kleinen Bach entlang. Die Natur wird einfach beschrieben. Dabei wird darauf geachtet, möglichst nicht nur das Sehen anzusprechen sondern auch andere Sinne zu beachten: das Hören, Riechen, Tasten, seltener auch das Schmecken. Eine Handlung ist nicht erforderlich, ein Spannungsbogen fehlt in der Regel ganz.

Wichtig für den Vortragenden ist, genügend Raum zwischen den

Bildern zu lassen. Es wird situationsabhängig unterschiedlich sein, aber eine Fantasiereise sollte ungefähr dreimal so lange dauern wie das bloße Herunterlesen des Textes (bei Kindern weniger). Die Worte sollen für den Erlebenden nur Anregungen sein, sich die geschilderten Bilder selbst möglichst gut auszumalen. Das eigene Erleben wird in Fantasiereisen sehr deutlich angesprochen, anders etwa als in Entspannungsgeschichten, die meist nicht selbst, sondern über die Identifikation mit einer anderen Person erlebt werden. In der Fantasiereise steht fast immer die eigene Person im Vordergrund.

Zur Bedeutung des eigenen Erlebens in der Fantasiereise gehört das Anbieten von Alternativen: »Die Flaumfeder: auf dem Felsen liegt sie, gefallen von irgendwo ... Vielleicht stammt sie von einer Taube, vielleicht von einem anderen Vogel [...]« (aus Friebel 1998). Das Wort »Flaumfeder«, mit dem begonnen wird, sollte die Assoziationen des Hörenden bereits in eine sanfte, ruhige Richtung lenken. Eine Taubenfeder paßt gut zur Entspannung der Fantasiereise – daher wird sie angeboten. Falls sich beim Hörer spontan aber andere Vögel eingestellt haben (vielleicht kann er Tauben gar nicht leiden), wird das durch den zweiten Satz ebenfalls aufgenommen. Der Hörer fällt nicht aus der Fantasiereise und muß sie nicht mit einer möglicherweise ungünstig assoziierten Taubenfeder durchstehen.

Alternativen sind besonders bei problematischen Bildern angebracht. Wie schon berichtet, empfinden viele Menschen das Barfußgehen über eine Sommerwiese als angenehm, aber manche denken dabei an Käfer und Schnecken und fallen aus der Fantasiereise heraus. Wird dazu der Geruch des Grases erwähnt, kann das die Entspannung bei vielen vertiefen, manchen aber juckt dann die Nase: ihr Heuschnupfen meldet sich. »*Stellen Sie sich vor, über eine Sommerwiese zu gehen. Wenn Sie möchten, können Sie Schuhe und Strümpfe dazu ausziehen ...*« »*Der Duft des Grases ist angenehm.*« Mögliche Höhenangst wird bei manchen Fantasiereisen zu berücksichtigen sein (»*Sie fühlen sich sicher und frei*«) und anderes mehr.

Es ist unmöglich, alles zu vermeiden, was möglicherweise einzelnen Personen Probleme machen könnte. Auch deshalb ist es wichtig, vor der Einführung von Fantasiereisen zu betonen, daß Unangenehmes einfach weglassen und Angenehmes ausgemalt werden kann. Die meisten Menschen tun das auch ohne einen solchen Hinweis.

Manche aber führen sonst die Fantasiereise gewissenhaft so durch, wie sie vorgegeben wird.

Die Augen sollten bei einer Fantasiereise geschlossen sein, das erleichtert die Vorstellung innerer Bilder. Eine besondere Körperhaltung ist nicht erforderlich, Fantasiereisen können im Sitzen oder Liegen erlebt werden, die Haltung sollte einfach bequem sein. Eine Einführung kann etwa lauten »*Zur Fantasiereise setzen (legen) Sie sich einfach bequem hin und schließen Sie die Augen.*« Etwas Zeit lassen, dann mit der Fantasiereise beginnen. Falls erstmals mit einer Fantasiereise gearbeitet wird, kommt an dieser Stelle noch der Hinweis: »*Bei der Fantasiereise geht es darum, sich das, was gesagt wird, selbst möglichst gut vorzustellen. Was angenehm ist, kann etwas ausgeschmückt werden, vielleicht nach der eigenen Erinnerung. Was unangenehm ist, läßt man einfach weg.*« Eine Fantasiereise sollte nicht zu schnell beendet werden. Bewährt hat sich folgender Schluß: »*Damit kommt die Fantasiereise zum Ende. Wenn Sie bereit sind, öffnen Sie die Augen und recken und strecken sich ein bißchen.*« Anschließend kann über die Fantasiereise geredet werden. Vor allem nach der ersten Durchführung ist das wichtig, um zu erfahren, ob der Hörer auf die Bilder überhaupt reagiert, und um einen Eindruck zu gewinnen, welche Bilder für ihn eher angenehm und welche unangenehm sind.

In die Fantasiereise können Entspannungsformeln nach dem Autogenen Training oder Hinweise zur Atembeobachtung eingebaut werden. Etwa: »*Sie fühlen sich ganz ruhig... . Sie fühlen sich angenehm schwer auf der Erde; Ihre Arme sind schwer, Ihre Beine sind schwer, Ihr ganzer Körper ist schwer... Die Sonne scheint warm auf Sie herab, die Wärme der Sonne strömt durch Ihren ganzen Körper... Sie spüren Ihren Atem gehen, ein und aus, ein und aus, ganz ruhig und gleichmäßig, ganz von allein...*« Solche Formeln sollten dann an passenden Stellen über die Fantasiereise verteilt sein. Relativ ausführliche Entspannungsformeln empfehlen sich, wenn das jeweilige Entspannungsverfahren dem Erlebenden bekannt ist. Auch wenn es unbekannt ist, können kürzer gehaltene Formeln etwa zu Ruhe, Schwere, Wärme und Atem wegen ihrer generell bestehenden Affinität zur Entspannung günstig sein. Ein solches Einbringen von Entspannungsformeln ist möglich – die Fantasiereise sollte aber auch ohne sie auskommen können.

Fantasiereisen sind fast allen Menschen gut zugänglich und beinahe immer ohne vorherige Übungszeit sofort erlebbar. Alle Altersgruppen lassen sich ansprechen, von kleinen Kindern (ab etwa 4 Jahren) bis zu alten Menschen.

Die Verbreitung von Fantasiereisen hat sehr zugenommen. So ist ihre Verwendung neben dem therapeutischen Einsatz in Schule, Kindergarten und Elternhaus (zur Bettzeit), in Schulungen und Kursen aller Art etabliert. Ihre einfache Durchführung und die gute Ansprechbarkeit fast aller Menschen erleichtert das. Ob die Verwendung von Fantasiereisen dabei immer sinnvoll ist, ist eine andere Frage. Aber es zeigt: Fantasiereisen tun gut. Auf sie läßt sich also auch im therapeutischen Rahmen zurückgreifen.

Ich bin der Meinung, Fantasiereisen aus Büchern sollten nur als Sprechvorlage verwendet und bei der eigenen Durchführung verändert werden. So läßt sich besser auf den jeweiligen Hörer (oder die jeweilige Gruppe) eingehen. Erfahrungen mit der Wirkung bisher durchgeführter Fantasiereisen bei dieser Person können zu einer optimalen Entspannung genutzt werden. So bildet sich auch ein persönlicher Stil.

Der relativ breite Raum zwischen den Sätzen erleichtert es dem Sprecher, eine vorhandene Vorlage zu variieren oder Fantasiereisen nach wenigen Grundmotiven immer neu und dem Hörer und der Situation angepaßt zu erfinden. Nicht die Worte sind dabei wichtig, sondern die Bilder. Die Worte sind also so zu wählen, daß sie beim jeweiligen Gegenüber die gewünschten Bilder anstoßen. Folgende Punkte sind zu beachten oder vorher zu entscheiden:

- Einführung: Bequeme Haltung, Augen schließen. Eventuell Bemerkung zur Bedeutung des eigenen Erlebens.
- Anrede in der Fantasiereise: je nach Person in Du- oder in Sie-Form.
- Ansprechen mehrerer Sinneskanäle, nicht nur immer des Sehens. Auch Riechen, Fühlen, Hören, eventuell Schmecken!
- Auf Pausen achten!
- Alternativen vorgeben (*vielleicht ist es so, vielleicht aber auch anders …*).
- An geeigneten Stellen eventuell Entspannungsformeln einfügen.
- Zurückführung: Augen öffnen, Recken und Strecken.

Abschließend das Beispiel für eine Fantasiereise, ein Waldspaziergang (leicht verändert nach Friebel 1998). Drei Punkte verweisen auf eine

längere Pause, 10 Sekunden und mehr. Nach den Sätzen mit norma-
lem Punkt etwa 2–3 Sekunden Pause:

*Ein heller Wald; die Stämme stehen weit auseinander, bilden einen offenen
Raum. Zwischen den Stämmen wächst hohes Gras. Dein Pfad läuft einfach hindurch ...*

*Vogelstimmen, hier eine, da eine, verborgen in Wipfeln, sie machen
den Raum tief ...*

*Nur die wenigen Stimmen der Vögel – und Wind in den Wipfeln. Der
Ton des Windes in Wipfeln, der Ton der Blätter im Wind. Versuch einmal den Wind zu hören, einmal die Blätter, dann wieder den Wind ...*

*Langsam gehst du auf deinem Pfad. Hier und da hängen Halme von
den Seiten über den Weg. Du streifst sie, achtest auf das kleine
Geräusch ...*

*Ein Schmetterling flattert über den Pfad, verschwindet zwischen sil-
bernen Stämmen auf der anderen Seite. Die Leichtigkeit seiner Flügel –
du achtest auf deinen Atem ...*

*Dein Atem geht einfach nur ein und aus; er ist weit wie die Welt. Du
gehst im Rhythmus des Atems.*

Ein Specht klopft. Vielleicht ist von fern ein Kuckuck zu hören ...

*Ein Eichhörnchen hockt auf dem Waldboden. Still schaut es zu dir her.
Dann wirbelt es plötzlich herum und jagt einen Baumstamm hinauf,
verschwindet im Wipfel ...*

All die kleinen Geräusche der Stille ...

*Langsam gehst du auf deinem Pfad durch den lichten Wald – um dich
herum der offene Raum; Leben, freundlich und leicht ...*

Geführte Imaginationen

Anwendung in der Psychotherapie

Die Vortragssituation bei einer Fantasiereise und einer geführten Imagination ist die gleiche. Unterschiede ergeben sich durch die andere
Zielsetzung: Bei Fantasiereisen stehen die Bilder ganz im Dienste der
Entspannung, geführte Imaginationen greifen Probleme des Erlebenden oder therapeutische Prozesse auf und bearbeiten sie. Grundpro-

bleme können in der geführten Imagination oft klarer und schärfer gestaltet werden als im Gespräch. Durch die größere Distanz zum Alltag ist eine bessere Auseinandersetzung mit Problemen möglich; der Erlebende erhält eine Übersicht, die in den Verstrickungen des Alltags kaum gewährleistet ist. Die Bilder der geführten Imaginationen lenken über neue Assoziationen zu neuen Sichtweisen und Lösungsmöglichkeiten. Ob diese übertragen werden können und dann auch außerhalb der Imagination und der therapeutischen Situation tragfähig sind, muß im Gespräch erörtert werden und sich im Alltag beweisen.

Bei der Anleitung zu individuellen geführten Imaginationen beschäftigt sich eine erste Überlegung damit, ob ein Problem positiv oder negativ angegangen werden soll. Wenn beispielsweise eine Angstproblematik vorliegt, könnte diese negativ durch eine Beschäftigung mit der Angst und ihren Grundlagen verfolgt werden oder positiv durch die Förderung von Mut in der Imagination. Was angemessen ist, wird im Einzelfall zu entscheiden sein.

Das Thema kann diagnostisch angegangen werden: beispielsweise durch eine Vorstellungsreise zur Besteigung eines Berges. Die Anleitung ist relativ offen, von Interesse ist, wie der Erlebende den Berg gestaltet – eher als Hügel oder als unzugängliches Massiv – und mit welchen Schwierigkeiten der Aufstieg verbunden ist.

Das Thema kann therapeutisch angegangen werden: beispielsweise durch eine Vorstellungsreise ein liebliches Bachtal hinunter, das plötzlich an einer unüberwindbaren Mauer endet, mit der man zurechtkommen muß.

Es können Imaginationen mit einer aktiven Auseinandersetzung zu bestimmten Problematiken vorgegeben werden, psychologisch beispielsweise zur Angst oder zur Förderung positiver Eigenschaften, medizinisch beispielsweise zur Schmerzbewältigung (dazu im nächsten Kapitel).

Eine geführte Imagination sollte zumindest bei darin noch unerfahrenen Personen mit ruhigen, entspannenden Bildern beginnen. Oder es wird vorher eine kurze Entspannungsübung durchgeführt, beispielsweise eine Atementspannung, ein Ruhebild oder eine kurze Fantasiereise, die in die geführte Imagination übergeht. Diese wird wie eine Fantasiereise vorgetragen. Anschließend wird über das Erlebte gesprochen.

Dieselbe Imagination kann wiederholt durchgeführt werden. Interessante Fragen dabei können sein, wie sich beispielsweise der Berg und der Aufstieg zum Berg mit den Sitzungen verändert. Manche Imaginationen können in den wiederholten Fassungen auch gezielt verändert werden. Die Vorstellungsreise das Bachtal hinunter kann bis zur undurchdringlichen Wand beispielsweise immer gleich durchgeführt werden, dann aber können in verschiedenen Sitzungen verschiedene möglicherweise therapeutisch interessante Lösungsalternativen vorgegeben werden, auf die der Erlebende nicht von sich aus gekommen ist. Beispielsweise kann die Bedeutung der Wand verändert werden: vor sich ist sie ein Hindernis, eine Grenze – aber wenn man sich umdreht, kann sie ein Rückhalt sein, ein Ausgangspunkt.

Der Übergang zwischen Fantasiereise und geführter Imagination ist fließend. Auch eine eigentlich nur zur Entspannung gedachte Fantasiereise kann für manchen Erlebenden überraschenderweise thematische Relevanz aufweisen. Dies kann sich zunächst als Fehlschlag der Fantasiereise äußern.

So führte ich in einem Seminar die Fantasiereise über ein Blatt durch, das sich vom Wipfel eines Baumes löst, in sanften Kreisen zur Erde fällt, weich landet und auf dem Moos liegen bleibt, geborgen im Wald. Alles war sehr positiv gehalten, zwar mit dem Grundthema des Loslassens, aber ich hätte die Übung als harmlose Fantasiereise zur Entspannung eingestuft. Während der Durchführung mußte eine Teilnehmerin hinausgehen. Sie sagte anschließend, sie habe das Fallen des Blattes nicht ertragen können, ihr sei richtig schlecht geworden. Es stellte sich heraus, daß sie Krebs hatte.

Fantasiereisen möchten Entspannung und positive Stimmungen erzeugen, geführte Imaginationen werden häufig negative Aspekte des Lebens ansprechen und bearbeiten. Sie sind deshalb weniger für die Durchführung in der Gruppe geeignet. Was in der Imagination angesprochen wird, sollte anschließend auch individuell besprochen werden können – und der Anleitende sollte sicher sein, genügend Zeit und Kompetenz für die weitere individuelle Bearbeitung im Gespräch zu haben. Eine Einzeldurchführung oder die Durchführung in kleinen vertrauten Gruppen ist bei geführten Imaginationen deshalb vorzuziehen.

Wenn der Erlebende mit einem bestimmten Bild nichts anzufangen weiß, sollte der Anleiter sich danach richten – auch wenn er es

weiterhin relevant findet. Entscheidend sind die Bilder des Imaginierenden und sein Erleben von Bedeutsamkeit – nicht die Bilder, die
sich beim Anleiter zu einem bestimmten Thema einstellen. Diese
können als Anregung dienen und damit weiterhelfen, Imaginationen
sind aber in erster Linie persönliche Imaginationen und daher keine
Richtschnur für andere Menschen.

Das Thema der geführten Imagination wird je nach Problem
anders gewählt. Sammlungen geführter Imaginationen finden sich
beispielsweise in Masters & Houston (1984) oder in Friebel (1998).
Nachfolgend zur Anregung einige Kurzfassungen geführter Imaginationen (sie finden sich ausgearbeitet in Friebel 1998).

- **Zeit, Streß**: Im Garten eine lange Reihe von Uhren aus deiner
  Erinnerung (Wecker, Armbanduhr, Bahnhofsuhr, Kirchturmuhr,
  Küchenuhr, Bürouhr usw.). Du gehst an ihnen vorbei, betrachtest
  jede und überlegst, was sie für dich bedeutet. Die letzte Uhr ist eine
  Sonnenuhr. Du schaust von ihr hinauf ins Licht.
- **Angst, Perspektivenwechsel**: Du gehst auf einer Straße durch den
  Wald, um dich herum unheimliches Dunkel. Dann trittst du in
  den Wald auf einen Pfad: Das Dunkel lichtet sich, wie deine Augen
  sich umstellen. Der Pfad erscheint fast gleißend hell.
- **Auswirkungen**: Du gehst einen Weg. Hinter dir bleiben sichtbar
  goldene Spuren zurück. Du bist längst weitergegangen: Blumen
  wachsen aus den Spuren. Die Blumen welken; Bienen haben ihren
  Nektar eingeholt, da ruht er im Stock.
- **Seelengesichter**: Du beugst dich hinunter und siehst im See dein
  Gesicht. Eine Welle läßt es verschwimmen. Als der See wieder glatt
  ist, hat sich dein Gesicht verwandelt, es ist ... *(Hier verschiedene
  Angebote möglich, beispielsweise ein junger Mensch, ein alter, ein
  Mensch des anderen Geschlechts, ein sehr ruhiger, ein sehr lebendiger
  Mensch.)* Das Gesicht wird genau betrachtet.
- **Wünsche, Befürchtungen**: Du findest in einer Höhle ein Ei und
  spürst eine starke Beziehung zu ihm. In ihm pocht es, bald wird es
  sich öffnen. Was wirst du finden?
- **Perspektiven, Abstand, Relativität von Problemen**: Ein Haus
  von oben betrachten. Dann in größerem Abstand, dann das Stadt-
  viertel oder Dorf. Noch höher: die Stadt oder die Dorfgemarkung.
  Noch höher: das Land. Noch höher: die Welt. Ins erste Bild des

nahen Hauses werden Probleme gesetzt, die eine Person dort hat oder die zwischen Personen dort herrschen. Mit zunehmendem Abstand verschwinden sie.

- **Was wichtig ist**: In einer Bibliothek mit den Büchern der Welt das Buch suchen, in dem das steht, was wichtig für mich ist. Wo suche ich? *(Mögliche Erweiterung:)* Ich finde schließlich das Buch und nehme es mit in den Garten, schlage es auf: Alle Seiten sind leer.
- **Brücken schlagen**: Eine Brücke in wogendem Nebel. Du auf der einen Seite, auf der anderen Seite schemenhaft ein anderer Mensch. Du gehst auf ihn zu. Er zögert, geht dann ebenfalls los. In der Mitte der Brücke trefft ihr euch, schaut euch an. Wer ist es?
- **Gefühle**: Neben jemandem gehen, den man mag. Auf die Landschaft achten; sie soll die positiven Gefühle zum Begleiter ausdrücken. Auf sich selbst achten. Dann Blende: Neben jemandem gehen, den man nicht mag. Wieder drückt die Landschaft die Gefühle aus, die man hegt. Wieder auf sich selbst achten. Dann wird die Landschaft verändert, sehr schön gestaltet, der unangenehme Begleiter bleibt aber erhalten. Auf die Veränderung der Atmosphäre und des Verhältnisses zum Begleiter achten.
- **Inneres Lächeln**: Mit Aufmerksamkeit in den eigenen Körper gehen, dem Leben nachspüren, dem Strömen von Ruhe und Kraft. Das eigene Gesicht in sich vorstellen, mit einem Lächeln. Sich vorstellen, wie sich das Lächeln ausbreitet, immer weiter, bis es einen ganz durchdringt und verwandelt.

Anschließend als ausgeführtes Beispiel zu einer symbolhaften geführten Imagination »Das Gefängnis«, dann zur imaginativen Beeinflussung innerer Qualitäten »Keime hegen«, beide leicht verändert nach Friebel (1998):

Das Gefängnis

Das Gefängnis ist groß, viele Menschen leben darin. An ihren Zellen sind schwere Türen mit Gittern. Auch die Fenster sind vergittert. Überall Wärter mit Waffen und Uniform.

Mittags siehst du Gefangene beim Rundgang im Hof. Sie gehen im Kreis, alle mit derselben Geschwindigkeit. Manche gehen zu zweit, zu dritt. Die Wärter stehen am Rand in Gruppen zusammen. Sie beobachten die Gefangenen und schweigen.

Hinter einer kleinen Mauer am Hof liegen die Gärten. Manche Gefangene verbringen den Mittag hier. Sie jäten Beete, sie säen, sie schneiden Blumen ab und stellen sie zu Sträußen zusammen, sie gießen, sie ernten Gemüse, sie pflücken Obst von Büschen und Bäumen.

Manche Gefangene singen bei der Arbeit in den Gärten oder bei der Runde im Hof, andere schweigen; manche lächeln, andere zeigen ein verbittertes Gesicht. Die Wärter sagen nie etwas. Jeder Gefangene scheint seinen Platz zu kennen.

Jeden Morgen nach Wecken und Frühstück ist die Revolte. Die Gefangenen rotten sich zusammen. Sie drängen die schweigenden Wärter zurück und schwärmen durch alle Gebäude. Sämtliche Türen werden geöffnet. An manchen Tagen dringen Gefangene bis in die Zentrale vor. Dann wird die Absetzung der Gefängnisleitung verkündet. Du siehst, wie frohe Gefangene ein Spalier bilden, durch das Menschen in Uniformen mit hängenden Köpfen davongehen. Nach der Revolte sind die Vormittage sehr arbeitsam. Die Zellen werden neu gestrichen, die Gänge gebohnert, die Gitter entrostet und neu gestrichen. Nach dem Mittagessen dann wieder die Runde im Hof oder die Arbeit in den Gärten.

Du gehst durch den Gebäudekomplex und betrachtest dir alles genau. Du siehst die Steine im Hof, abgetreten von den Schuhen endloser Generationen bei ihren mittäglichen Runden. Du siehst die Blumen in den Gärten. Sie blühen frei im Licht.

In einem der Beete liegen wuchtige Steine, du hebst den Blick und siehst, daß sie aus der Mauer stammen, die das Gefängnis umgibt. Die Mauer ist an dieser Stelle eingefallen, der Stacheldraht hängt zerrissen an den Seiten herab. Du steigst über den Mauerdurchbruch. Vor dir erstreckt sich ein Wald. Ein Pfad geht hindurch und verliert sich irgendwo zwischen den Bäumen. Du drehst dich um und schaust auf das Gefängnis zurück. Die Menschen arbeiten ohne aufzuschauen in den Gärten. Eine Amsel singt, irgendwo hinter den Mauern verborgen. Du wendest dich ab und gehst den Pfad entlang, hinein in die offene Welt.

Keime hegen

Geh mit deiner Vorstellung hinein in den eigenen Körper. Fühle ganz in dich selbst hinein. Vielleicht kannst du den Strom deines Blutes spüren, die Wärme, die Kraft und Ruhe des Stroms, und seine Lebendigkeit.

Überall Leben, und Ruhe, und Kraft.

Wandere durch deinen eigenen Körper und achte ganz auf die Kraft, auf die Ruhe, auf die Lebendigkeit. Vielleicht fühlst du den Strom, der dich trägt.

Stell dir nun tief in dir Keime vor, Zentren vor, Felder vor, die du fördern möchtest. Sie stehen für etwas, stehen vielleicht für Ruhe, für Ausgeglichenheit, Tatkraft, Zuversicht, Lebensfreude, Heiterkeit. Sie stehen für etwas, das du gut findest, von dem du mehr haben willst.

Stell dir vor, wie die Keime oder Felder in deiner Tiefe verborgen liegen. Nimm etwas davon und stell dir vor, wie es wächst. Laß es wachsen, sich ausbreiten, laß es groß werden und dich völlig durchdringen.

Stell dir vor, wie der Keim oder das Feld wächst, genauso wie du es willst. Stell dir vor, wie es sich ausbreitet und alles um sich herum verwandelt. Stell dir die Kraft und die Ruhe vor, mit der das geschieht – und auch die Freude. Laß dich völlig durchdringen von der Freude dieser Verwandlung.

Anwendung in der Psychosomatik

Von besonderer Wichtigkeit beim Einsatz von geführten Imaginationen in der Psychosomatik ist eine genaue Klärung dessen, was ist, und dessen, was erreicht werden soll. Das Problem oder der Mangel muß klar gefaßt werden, die Angemessenheit und die Zielrichtung der Vorstellungsbilder müssen stimmen (siehe dazu das Kapitel über die Beeinflussung körperlicher Vorgänge im ersten Buchteil). Wenn – wie bei Imaginationen zum Immunsystem – Bezug auf körperliche Funktionen genommen wird, müssen diese und ihre Wirkungsweise bekannt sein.

Beispielsweise ist natürlich keineswegs bei allen Problemen oder Erkrankungen, die mit dem Immunsystem zu tun haben, eine Stärkung des Immunsystems angemessen. So beruhen Allergien auf einer spezifischen Änderung der Immunitätslage im Sinne einer krankmachenden Überempfindlichkeit gegen bestimmte Substanzen. Durch Reizstoffe von außen (Allergene) kommt es zunächst zur Sensibilisierung des Organismus. Ein zweiter Kontakt mit demselben Reizstoff löst dann die allergische Reaktion aus. Allergische Reaktionen treten nur auf, wenn der allergische Mensch in Kontakt mit dem Reizstoff kommt. Das beste Beispiel hierfür ist der Heuschnupfen. Die Überempfindlichkeit gegen Pollen besteht das ganze Jahr über, Symptome zeigen sich aber nur im Frühling und Sommer während des Pollenflugs. Imaginationen, die das Immunsystem *stärken*, könnten bei Allergien also das Gegenteil dessen auslösen, was sie eigentlich bewirken sollen. Gefragt ist hier eine *Regulation* des Immunsystems: geringere Empfindlichkeit gegen bestimmte Substanzen.

Bei Autoimmunkrankheiten wie etwa der Rheumatoiden Arthritis ist es ähnlich. Ihnen liegen irrige Reaktionen des Immunsystems gegen Zellen des eigenen Körpers zugrunde. Tatsächlich finden ständig Autoimmunprozesse im Körper statt, es werden ja manchmal Zellen des eigenen Körpers, beispielsweise einzelne Krebszellen, auch sinnvollerweise angegriffen. Für den Organismus als Ganzes betrachtet ist es immer noch besser, einige Zellen fälschlich zu zerstören, als Zellen fälschlich *nicht* anzugreifen. Zum Problem wird es aber, wenn solche Angriffe auf eigene Zellen sehr intensiv, weit verbreitet und über längere Zeit anhaltend stattfinden. Erst dann wird man von krankhaften Autoimmunprozessen sprechen. Bei Autoimmunphänomenen handelt es sich also nicht um eine grundsätzlich krankhafte Art von Vorgängen, sondern um das Versagen der Regulierung von an sich durchaus normalen und nützlichen Mechanismen. Auch hier ist also keine einfache *Stärkung* des Immunsystems, sondern dessen bessere *Regulierung* gefragt. Wie diese im Einzelfall aussehen soll, erfordert Kenntnisse über die medizinischen Aspekte der jeweiligen Krankheit.

Allergiker wissen sehr wohl, daß das Immunsystem bis zu einem gewissen Grade beeinflußbar ist. Schon bei der Vorstellung einer Situation, die eine allergische Reaktion auslösen könnte (beispielsweise ein Spaziergang über Wiesen zur Heuzeit), stellt sich bei manchen von ihnen diese Reaktion tatsächlich ein. Auch ist der (schwächende) Einfluß von Streß auf unser Immunsystem in einer Vielzahl von Studien gut belegt. Entsprechend läßt sich durch entspannende Imaginationen das Immunsystem stärken. Spezifische Imaginationen scheinen sogar die Arbeit von vorher festgelegten Immunzelltypen spezifisch beeinflussen zu können.

Bei vielen Erkrankungen, auch bei Krebs, kommt es immer wieder zu spontanen Besserungen, die durch keine medizinische Therapie erklärt werden können, die manchmal auch stattfinden, ohne daß sich der Patient in medizinischer Behandlung befindet. Begriffe wie »Spontanheilung« oder »Placeboeffekt« werden dabei gerne verwendet, wie Deckwörter für das Unbekannte. Bei den modernen Therapieüberlegungen wird der Placeboeffekt wenig berücksichtigt. Wieso wirkt ein Placebo? Über den Glauben, moderner gesagt: über die Erwartung des Erfolgs. Die Erfolgserwartung mobilisiert die Selbstheilungskräfte des Körpers, zu denen in vorderster Linie das Immunsystem gehört. Wie wird die Erfolgserwartung ausgedrückt? Nicht zum geringsten Teil über innere Bilder.

Das bedeutet unter anderem auch: Wer an eine Einflußmöglichkeit glaubt, wird sie vielleicht auch erreichen können. Wer nicht daran glaubt, wird keine entsprechenden inneren Bilder aufbauen und so tatsächlich eine Einflußnahme vergeben. Nach Schneider und Mitarbeitern (1991) ist für einen Erfolg außerdem die Lebhaftigkeit der Imagination entscheidend, die Bewußtheit der zu verändernden Funktionen und das Gefühl der Bedeutsamkeit dessen, was in der Imagination geschieht. Wenn man nicht weiß, was genau erreicht werden soll, kann auch kein Ergebnis erzielt werden. Unrealistische Einstellungen (etwa der Geist kontrolliere den Körper völlig) sind nach Schneider und Mitarbeitern ebenfalls ungünstig.

Wie die Arbeit von Kopp (1998) zeigt, können realistische, medizinisch bedeutsame Imagination durch ihre konfrontierende Art aber psychologische Verschlechterungen hervorrufen. Die Einbettung von Imaginationen in ein erfolgsbezogenes positives Gesamtklima sowie die Motivierung der Imaginierenden ist also sehr wichtig.

Immun-Imagination

Die folgende Imagination zur Förderung der Immunkraft ist für Personen ohne besondere medizinische Kenntnisse gedacht. Befunde sprechen dafür, daß spezifischere Anleitungen sowohl zu den Immunzelltypen als auch zu der zu erbringenden Leistung wirkungsvoller sind. Diese allgemeine Anleitung sollte deshalb für den Einzelfall entsprechend verändert werden. Genauso wichtig ist allerdings das Gefühl der Bedeutsamkeit der gefundenen Bilder. Vor der Imagination ist mit dem Hörenden deshalb ausführlich über die Imagination und das zu lösende Problem zu sprechen. Die Anleitung stammt aus Friebel (1998). Sie beginnt mit einer Entspannungsvorstellung:

Geh in deinen Körper hinein, versuch überall die Ruhe und Wärme zu empfinden, das Leben, die strömende Kraft.

Wende dich zuerst deinen Händen zu. Achte auf die Ruhe der Hände. Vielleicht kannst du ihre Schwere empfinden, schwer liegen sie da, ganz in der Schwere der Welt. Vielleicht spürst du auch die strömende Wärme in ihnen, die Wärme des Lebens.

Geh so nach und nach durch deinen ganzen Körper und achte überall auf die Ruhe, die Schwere, die strömende Wärme, die Kraft. Geh überall hin, laß keinen Körperteil aus.

Im Mark der großen Knochen von Becken und Oberschenkeln wohnen verborgen die Stammzellen des Immunsystems. Dort wachsen sie, reifen, teilen sich, reifen weiter. Stell dir das Wachstum deiner Stammzellen vor.

Verstärke das Wachstum deiner Stammzellen. Schick ihnen Kraft und Bewegung, schick Freude und Wachstum zu deinen Stammzellen im Mark.

Beobachte, wie sich die Zellen entwickeln, und verstärke diese Entwicklung. Beobachte, wie sich die Zellen teilen, und rege die Teilung an. Beobachte, wie die Zellen reifen, und beschleunige kraftvoll die Reifung.

Die reifen Immunzellen verlassen das Knochenmark. Beobachte sie dabei und schick ihnen Leben, Bewegung und Kraft dazu. Munter strömen sie aus dem Knochenmark in die Adern des Blutes, kreisen mit ihm durch den Körper.

Immer noch weiter entwickeln sich die Immunzellen, stellen sich auf ihre Aufgaben ein. Sie strömen aus dem Blut durch die Körpergewebe. Stell dir die Welle von Immunzellen vor, die deinen Körper durchströmt. Stell dir die Frische und Stärke vor, eine Welle kraftvollen Lebens. Verstärke die Welle, lege noch mehr Kraft und Frische hinein.

Wo die Immunzellen auf Schlechtes treffen, bauen sie es ab, nehmen sie es auf in sich selbst, verwandeln es in Gutes, in Kraft. Stell dir vor, wie die Welle durch deinen Körper strömt und alles Schlechte in Gutes verwandelt.

*Vielleicht helfen dir Farben dabei. Vielleicht ist das Schlechte vorher
dunkel, vielleicht schwarz, vielleicht verwandelt es sich in Helles, in eine
freundliche Farbe.*

*Oder du findest Klänge dafür: Mißklänge, dunkle, für das Schlechte
im Körper, jubelnde Harmonien für das Gesunde, Verwandelte.*

*Die Welle von Leben, Gesundheit und Kraft, der Strom der Immun-
zellen durch deinen Körper: achte einfach darauf, mach sie stark und hilf
ihnen bei der Verwandlung.*

Der Bezug auf das Immunsystem ist nur ein Beispiel. Grundsätzlich
können Imaginationen zu allen körperlichen Problemen durchgeführt werden. Die medizinische Versorgung darf darüber nicht ver-
nachlässigt werden. Imaginationen zu schweren Erkrankungen sollten
nur begleitend eingesetzt werden, sie schlagen nicht bei allen Menschen gleichermaßen zuverlässig an und können eine medizinische
Behandlung deshalb nicht ersetzen.

Wenn die genauen Zusammenhänge der relevanten Körperfunk-
tionen nicht bekannt oder dem Imaginierenden schwer bildhaft vorstellbar sind, können symbolhafte Bilder gewählt werden, die keine
genauen Kenntnisse voraussetzen. Die möglichen Bilder sollten
gemeinsam besprochen werden. Nur ein Bild, das vom Imaginierenden akzeptiert wird, kann wirken. Die Bilder sollten bedeutsam,
prägnant und kraftvoll sein. Statt eines Stroms von Immunzellen
kann dann ein Strom der Heilung oder ein Strom der Kraft imaginiert werden. Nach der Imagination werden die Bilder besprochen
und je nach dem Eindruck des Erfolgs gegebenenfalls verändert.

Als weiteres Beispiel eine Imagination zum Schmerzerleben.

Schmerzbewältigung

Schmerzen sind wichtig: Sie zeigen, daß etwas nicht stimmt und
motivieren zur Änderung dieses Zustands. Viele Schmerzen aber, vor
allem viele chronische Schmerzen, sind sinnlos, sind nur selbst ein
Problem, statt auf das Problem hinzuweisen. Schmerzmittel helfen
manchmal nur eingeschränkt und haben oft starke Nebenwirkungen.
Psychologische Techniken können zumindest einen Teil der Schmerzmittel ersetzen.

Sinnvoll sind psychologische Techniken auch zur Operationsvorbereitung. Es wurden damit gute Erfolge auf die Schmerzempfindung nach der Operation erzielt, wie sie sich in Schmerzeinschätzungen, verlangter Medikamentenmenge und Dauer des Klinikaufenthalts äußert (siehe Seite 49).

Die folgende Imagination abeitet vor allem mit Distanzierung und Transformation (eine frühere Fassung erschien in Friebel 1997). Der Schmerz wird als etwas von uns Getrenntes wahrgenommen. Er kann dadurch viel von seinem bohrend-fordernden Charakter verlieren. Wie die Studien von Johnson und Mitarbeitern (1998) sowie Peters und Mitarbeitern (1998) zeigen, sollte man bei der Schmerzbewältigung besser mit konkreten Aufgaben und weniger mit lediglich schönen Fantasiereisen arbeiten. Die Abschnitte in Klammern sollten nicht bei der erstmaligen Imagination angewandt werden.

Achte ganz auf deinen Atem. Achte darauf, wie dein Atem ein- und ausströmt. Verändere ihn nicht, achte nur einfach genau auf ihn, bleibe mit deiner Aufmerksamkeit ganz bei deinem Atem…

Stell dir vor, wie mit jedem Atemzug Schlechtes und Schmerzhaftes aus dir herausströmt… Stell dir vor, wie mit jedem Atemzug Kraft und Freude und Lebendigkeit in dich hineinströmen; wenig vielleicht zuerst, aber immer mehr und mehr, solange die Übung dauert, und noch über die Übung hinaus…

Geh nun mit deiner Aufmerksamkeit direkt in den Schmerz. Geh hinein in den Schmerz und betrachte ihn einfach. Betrachte ihn wie ein fremdes Objekt. Vielleicht findest du Formen und Farben für ihn, vielleicht ist er auch eher wie ein Energiefeld oder wie etwas Fließendes…

Betrachte den Schmerz von allen Seiten, von oben, von unten, als sei er ein ganz eigenes Objekt, als sei er etwas Getrenntes von dir…

Achte nun auf den Abstand zwischen dir und dem Schmerz… Der Schmerz ist da – aber es gibt einen Abstand zwischen dir und ihm. Betrachte den Abstand ganz genau, wie unter einem Vergrößerungsglas…

(Vielleicht kannst du den Schmerz etwas verändern, aus diesem Abstand heraus. Probiere dazu verschiedene Möglichkeiten aus: Verändere Größe oder Farbe oder Form oder Helligkeit oder Deutlichkeit. Verändere die Größe des Abstands. Probiere verschiedenes aus und achte darauf, wie der Schmerz sich verändert.)

(Lege ein ruhiges Mitgefühl in den Schmerz hinein. Laß dein Mitgefühl den Schmerz völlig durchdringen; laß ihn durchdringen von deiner Ruhe, von deinem Mitgefühl…

Betrachte den Schmerz wie ein weinendes Kind. Sende Ruhe und Mitgefühl aus und laß sie den Schmerz völlig durchdringen…)

Offene Imaginationen

Vorstellungsreisen können ganz offen gestaltet werden, indem der Imaginierende von einem Ausgangspunkt aus die innere Landschaft erkundet. So kann man wie bei der katathym-imaginativen Psychotherapie von einer Wiese ausgehen. Der Imaginierende beschreibt, der Therapeut fragt nach, gibt Anregungen. Ein Bach, ein Berg oder ein Haus können erkundet werden. Wenn Personen auftreten, wird mit ihnen geredet oder agiert. So kann sich eine Geschichte entwickeln, die Eigendynamik gewinnt und hilft, auf symbolischer Ebene Lebensprobleme zu klären.

Eine solche imaginative Erkundung des inneren Raumes kann sich über viele Stunden hinziehen und den Hauptteil der Psychotherapie ausmachen (eine ausführliche Falldarstellung auf der Grundlage der Aktiven Imagination nach C. G. Jung findet sich beispielsweise in Maass 1989). Offene Imaginationen können aber auch punktuell zu sinnvoll erscheinenden Gelegenheiten eingesetzt werden. Dabei geht es dann darum, für ein bestimmtes Problem oder eine anzustrebende Problemlösung ein Bild zu finden.

Das folgende Beispiel behandelt das Thema, sich etwas zuzutrauen, das Problem einer Frau Anfang 40 mit sehr klaren, intensiven Imaginationen, die trotz Begabung und guter Erfolge in allem, was sie anfing, das Gefühl hatte, zu wenig zu können und sich eigentlich nirgends profilieren zu dürfen. In dieser (gekürzten) Mischung aus Gespräch und Imaginationen (mit geschlossenen Augen) zeigt sich gut, wie gerade Imaginationen Ansatzpunkte für die weitere Arbeit liefern können.

Imaginierende: »Also sich zutrauen, das ist für mich eher, daß ich mir etwas nicht zutraue, und ich seh da gleich so ein Zuklappen, so ein

Kleinwerden, als würd ich als Schmetterling mich rückwärts verwandeln, in den Kokon zurückgehen. Und da bin ich dann gefangen, und bin gar kein Schmetterling mehr. (…) Wenn ich erst mal diese Phase überwunden hab, wo ich mich zurücknehme, wo ich mich völlig klein mache und verstecke, und ich schaff es trotzdem, so klein ich mich fühl, in eine Situation reinzugehen, mit Herzklopfen und Angst und Aufregung, dann stellt sich schon auf dem Weg dahin eine seltsame Ruhe ein, eine Sicherheit, so als würd sich der Schmetterling von selber befreien. Und in der Situation selber, da denk ich gar nicht dran, klein zu sein! Nur wenn ichs Denken anfang, dann werd ich unsicher, und dann hab ich eigentlich verspielt.

Zwischenfrage: Es ist ja recht unnatürlich, daß ein Schmetterling wieder in den Kokon zurückgeht. Von selbst wird er das nicht tun. Da muß ihn etwas von außen dazu bringen. Gibt es ein Bild für das, was ihn dazu bringt?

Imaginierende: Spontan steh ich als Mädchen vor dem Spiegel in meinem Zimmer und schau mich an, und seh, wie ich als junges Mädchen in der Pubertät, zirka 14, 15 Jahre, mich selber seh und entdecke – und mein Vater steht neben mir und sagt: »Eitelkeit kommt vor dem Fall!« Und das ist für mich wie eine Strafe: Werd nicht zu groß, nimm dich zurück, klein sein steht dir besser! Das seh ich.

Zwischenfrage: Als was kann sich das heute ausdrücken? Als was für eine Befürchtung kann sich die Aussage heute manifestieren?

Imaginierende: Wenn ich mich ganz zeige, dann sieht man alles. Dann seh nicht nur ich meine Schwächen, dann kriegen auch die anderen die Schwächen und die dunklen Seiten mit, die Fehler. Und es ist so, als dürfte ich keine Fehler haben.

Anregung, das Bild zu verändern, immer noch vor dem Spiegel zu sitzen, in der damaligen Situation, aber nun als erwachsene Frau.

Imaginierende: Also spontan würde ich gern den Spiegel zuklappen. Es ist so ein Waschtischspiegel. Ich würd den Spiegel zuklappen und würd mich gerne umdrehen und meinem Vater aufrecht gegenüberstehen und ihn anlachen, als eine erwachsene Frau, gleichwertig. Weil wenn ich weiter in den Spiegel schau, hab ichs Gefühl, ich werd immer kleiner, je länger ich reinschau. Als hätt dieses Bild noch so eine Kraft, mich immer weiter runterzuziehen.

Anregung, sich nun umzudrehen und den Vater anzulachen.

Imaginierende: Mhm. Wenn ich lache und meinem Vater gegenübersteh, dann hab ich das Gefühl, ich bin so groß, wie ich wirklich bin. Mein Vater erscheint auch in seiner Größe. Vorher war er übergroß. Und jetzt ist es so, als würden sich die Körpergrößen normalisieren, – und er geht einen Schritt zurück – und ich bleib auf der Stelle stehen. Und er ist befremdet, wundert sich, und für mich ist so was Leichtes dabei: Kein Groll, keine Wut, sondern einfach: Ich lach jetzt. So wie ich mich jetzt sehe, wie ich mich fühle, wie ich bin, wie ich meinem Vater gegenübertrete, so ist es in Ordnung.

Zwischenbemerkung: Aber der Vater tritt einen Schritt zurück.

Imaginierende: Mhm.

Zwischenfrage: Warum?

Imaginierende: Weil es ihn befremdet, daß seine Tochter ihm so klar als Tochter, als ebenbürtige Person, als erwachsene Frau gegenübertritt.

Zwischenbemerkung: Aber er bleibt zugewandt.

Imaginierende: Ja.

Anregung sich wieder umzudrehen und in den Spiegel zu schauen.

Imaginierende: Sofort verkehrt sich das Bild: Der Vater wird hinter mir groß, tritt einen Schritt auf mich zu, und ich werd klein, ich versinke.

Anregung, in den Spiegel hineinzugehen, wie im Märchen, sich dort umzuschauen. Das mißlingt, die Imaginierende will und kann nicht in den Spiegel hinein, liegt irgendwie unter ihm. Frage, was sie mit dem Spiegel denn selbst gern tun möchte.

Imaginierende: Rausschmeißen.

Zwischenfrage nach dem Schmetterling im Spiegel.

Imaginierende: Ich seh den Schmetterling, wenn ich in den Spiegel schaue und zurück denke an meine Mädchenzeit, dann seh ich den Schmetterling wie gefangen, so halb dem Kokon entschlüpft, aber noch gefangen, hm, nicht frei, nicht die wunderschöne Entfaltung, die hab ich nicht vor mir, nicht den Flügelschlag, den leichten Flug, das Davonsegeln, das hab ich nicht, das seh ich nicht.

Zwischenfrage, ob es etwas nützen würde, wenn der Schmetterling nun dem Kokon ganz entsteigen und fliegen würde.

Imaginierende: Da bin ich wieder beim Trauen: Der Schmetterling traut sich nicht! Das einzige, was sich geändert hat, ist: Ich hab mich umgedreht und lach meinen Vater an.

Zwischenfrage, was denn heute das Erstrebenswerte sei: Den Schmet-

terling fliegen zu lassen oder sich umzudrehen und zu lachen, als erwachsene Frau. Antwort: Der Schmetterling im Spiegel ist nun vorbei, das Umwenden ist es.

Imaginierende: Ich kann mich jetzt umwenden und ... wesentlich ist: einfach loslassen, meinen Vater stehenlassen, das Bild von meinem Vater, die Gefühle, die Eindrücke, das Erlebnis im Spiegel lassen, loslaufen – mit der Angst – und manchmal – und ich glaub, das ist das Gefühl, wenn ich losgelaufen bin, so schwierig es auch ist, dann ist es plötzlich leicht, dann, wenn ich drin bin, dann ist es, als könnte der Schmetterling fliegen. Aber dieser Weg ...

Anregung, im Alltag zu versuchen, ob vor Situationen des Sich-Trauens ein solches Bild hilfreich sein könnte: Vor diesem Spiegel sitzen, sich Umwenden, und Lachen.

Imaginierende: Müßt ich mal ausprobieren. Aber ich könnt mir vorstellen, daß es geht. (...) Ich glaub, dieses Lachen und Aufrichten ist wesentlich. Auch dieses Abwenden. Einfach allem Vergangenen den Rücken zudrehen, hinstehen, loslaufen.

Imaginative Techniken

»Alles überhaupt in der Welt ist sehr närrisch; besonders die Hauptsache derselben, und ich habe oft Gedanken darüber, die zu nichts führen.«
Jean Paul, Der Komet, 1820

Bloße Gedanken führen zu nichts. Oft kommen wir weiter über Bilder – und über die Gefühle, die sich mit Bildern ansprechen lassen. Verschiedene imaginative Techniken können während einer offenen Imagination, aber auch zu vielen Gelegenheiten des »normalen« therapeutischen Prozesses Anwendung finden. Im folgenden eine Sammlung relevanter Techniken, die teilweise den verschiedenen Therapien des dritten Buchteils entnommen sind.

In Bilder fassen

Ein Problem wird faßbarer, wenn man es bildhaft darstellen kann. Statt jemanden beispielsweise von seiner Angst sprechen zu lassen, kann es günstig sein, ihn zu bitten, die Augen zu schließen und ein Bild für die Angst zu finden. An diesem Bild kann dann weiter gearbeitet werden. Einzelheiten können näher betrachtet werden (Zoomen), sie lassen sich auch wegrücken oder vorsichtig verändern. Das Bild kann von verschiedenen Seiten betrachtet werden. Assoziationen zum Bild geben vielleicht Hinweise auf die Ursachen des Problems. Das Augenmerk kann auf Ansätze für mögliche Lösungen gerichtet werden.

Imaginationen verändern

Über die Veränderung von inneren Bildern, die für Probleme oder Problemsituationen stehen, kann Einfluß auf die Einstellung zum Problem und damit auf das Problem selbst genommen werden. Einige Beispiele: Bilder lassen sich abschwächen, wie beim Fernseher dunkler machen, kleiner, leiser, schwarzweiß statt farbig. Als Anregung zum Auffinden von relevanten Variablen sind die Listen der »Submodalitäten« des NLP (Seite 99 f.) nützlich. Wichtig ist dabei, Dimensionen zu verändern, die emotional bedeutsam sind, das Bild selbst aber nicht zu sehr zu verfremden, weil sonst die Beziehung zum realen Problem abgeschwächt werden kann und die Veränderung für die Realität nutzlos wird. Es nützt weniger, sich statt des Monsters aus dem Alptraum einen Engel vorzustellen, als das Monster als solches bestehen zu lassen, aber seine Größe zu verändern. Entsprechend können erwünschte Zielzustände vorsichtig positiver gestaltet werden, um die Motivation zu verstärken. Selbstverbalisationen lassen sich räumlich näher oder entfernter vorstellen, blasser oder kräftiger, je nachdem, ob sie als günstig identifiziert und verstärkt oder als ungünstig identifiziert und aufgegeben werden sollen.

Imaginationen lassen sich auch durch neue Elemente in hilfreicher Weise verfremden. Sich den gefürchteten Prüfer in Unterhosen vorzustellen, bewirkt eine Verringerung des als ängstigend empfundenen Machtgefälles. Humor löst Spannungen.

Problempersonifikation

Ein Problem kann als Person faßbar gemacht werden. Wie sieht die Person aus? Wie redet sie? Was redet sie? Vielleicht kommt ein Gespräch in Gang. Kann ich mein Verhalten zur Person so verändern, daß die Person sich verändert? Wie? Beispielsweise, indem ich ihr etwas gebe oder sie berühre. Wenn ich mein Verhalten gegenüber der Person verändere, hat das möglicherweise bereits Auswirkungen auf das Problem. Vielleicht kann anschließend überlegt werden, was sich analog *für* das Problem tun läßt (nicht gegen es). Manchmal kann es auch angebracht sein, die Person aktiv zu verändern, sie kleiner zu machen, die Gesichtszüge freundlicher, die Rede sanfter. In der Regel wird nur eine Auseinandersetzung mit der Person erfolgen, um darüber eine Veränderung zu erreichen. Offene Manipulationen werden meistens oberflächlicher und weniger dauerhaft sein.

Personifikation positiver Kräfte

An negativen Kräften anzusetzen kann manchmal Widerstände provozieren. Aber auch positive Kräfte lassen sich wie oben in Bildern fassen oder personifizieren. Dies dürfte meist bereits eine Stärkung darstellen: Wenn das Negative schwächer wird, wenn ich es bewußt mache und personifiziere, wird das Positive stärker. Ich entdecke es, und ich stärke es, wenn ich mit ihm in Verbindung trete. Ein Gespräch mit der Personifikation ergibt vielleicht Anhaltspunkte, wie sie weiter gestärkt werden kann. Nach der Imagination (oder im Gespräch mit der Personifikation) kann über die Beziehungen der Personifikation zur Realität geredet werden: Wo sind dort positive Kräfte vorhanden? Wie lassen sich diese für die Problembewältigung stärken und nutzbar machen?

Mit Personifikationen der negativen und der positiven Kräfte kann im Verlauf einer Therapie regelmäßig »geredet« werden. Ihr Verhältnis und ihre Veränderung zueinander lassen sich so feststellen und vorsichtig beeinflussen.

Sprachbilder

Im Gespräch tauchen manchmal Sprachbilder auf, an denen eine Imagination ansetzen kann, denn sie bringen das Gemeinte emotional stärker zum Ausdruck als nicht-bildhafte Darstellungen (Seithe 1997). Diese dann imaginieren zu lassen, kann den Zugang zu den Bildern hinter den Worten noch einmal verstärken. Beispiele für

Sprachbilder aus dem allgemeinen Wortschatz nach Seithe sind: Nicht über die Schwelle kommen, einen Bären aufbinden, Morgenluft wittern, am Rande des Abgrunds stehen, jemandem das Maul stopfen, einen Riegel vorschieben. Persönliche Sprachbilder des Imaginierenden, beispielsweise: »Ich liege wie in einer Wüste aus Eis«, lassen sich ebenfalls imaginativ aufgreifen.

Vergangenheitsimagination

Ein belastendes Ereignis der Vergangenheit wird in der Imagination nochmals, eventuell mehrfach durchlebt. Das kann zunächst aus größerem Abstand geschehen, aus der Ferne betrachtet, schwarzweiß, ohne Ton, mit Zeitraffer: was immer der Imaginierende als Abschwächung akzeptiert, wenn eine solche nötig erscheint. Hierzu können auch ablenkende Aufgaben gegeben oder Rollen zugeteilt werden: etwa auf die Gegenstände im Raum zu achten, das Ereignis neutral wie eine Fernsehkamera zu betrachten, nur auf das Verhalten zu achten, die Gefühle gleichgültig lassen, oder wie ein Reporter zu beobachten, der nur seinen Bericht braucht, oder wie ein »Marsmensch«, dem irdische Gefühle und Gebräuche ganz fremd sind. Bei mehreren Durchgängen kann man diese dann immer mehr an das Original annähern, die Abschwächung also mehr und mehr zurücknehmen. Kontrolliertes Durchleben hilft bei der Bewältigung.

Auch wichtige Personen der Vergangenheit, die immer noch in das gegenwärtige Leben hineinwirken und es belasten, können vorgestellt werden, wie bei der Personenimagination. Mit ihnen kann geredet, sie können verabschiedet werden.

Zukunftsimagination

Viele Ereignisse, die wir als sehr bedeutend und belastend erleben, relativieren sich unter einer weiteren Zeitperspektive. Eine oft schon hilfreiche Imagination ist, auf ein bevorstehendes Ereignis (etwa eine Prüfung, ein Einstellungsgespräch) oder die ganze aktuelle, ungünstig empfundene Situation zurückzublicken, 10 Jahre, 20 Jahre aus der Zukunft. Welche Bedeutung mag dem dann zukommen?

Vor wichtigen Lebensveränderungen können Alternativen der weiteren Entwicklung imaginiert werden: Wie geht das Leben weiter, wenn ich dies, wenn ich jenes tue? Wie empfinde ich jeweils diese weitere Entwicklung? Was sagt mir das für die zu treffende Entscheidung?

Lazarus (1980) hält es überdies für wichtig, zukünftige Ereignisse wie den Tod eines geliebten Menschen, eine schwere Krankheit, berufliche Veränderungen zu imaginieren, um von den Ereignissen nicht überrascht zu werden. Die Zukunftsimagination dient hier als Lebensvorbereitung. Über die Zukunft denken wir häufig sorgenvoll nach – besser wäre es nach Lazarus, sich von solchen Schlüsselereignissen klare Bilder im Sinne einer Bewältigung zu machen, Bilder, wie wir mit den Ereignissen in einem konstruktiven Sinne umgehen.

Personifikationen innerer Kräfte

Wir haben zu allem mindestens ein Ja und ein Nein in uns. Unser Verhalten wird fast immer von mehreren, manchmal gegensätzlichen inneren Stellungnahmen beeinflußt, auch wenn uns nur eine bewußt sein mag. Aspekte der eigenen Person, unliebsame Neigungen oder hilfreiche Anteile können personifiziert werden. Vom weisen Ratgeber in einem selbst lassen sich Hilfen geben, die sonst vielleicht abgelehnt werden müssen. Widerstände lassen sich auffinden, personifizieren und im Gespräch bearbeiten.

Personenimagination

In der Realität wird eine offene Aussprache mit Schlüsselpersonen meist gescheut: die Auswirkungen auf die Beziehung könnten ungünstig ausfallen. In der Imagination kann eine solche Aussprache klärend für die Beziehung sein, und ohne Gefahr. Personen aus der fernen Vergangenheit können nach einer Aussprache »begraben« werden.

Im Alltag ist es oft schwer möglich, die Dinge einmal unter der Perspektive von sehr nahestehenden Menschen zu erleben. In der Imagination gibt es einen größeren Abstand, hier kann ein Rollentausch viel eher erfolgen. Eine bestimmte Situation (beispielsweise ein Streit) wird also erst aus der eigenen Perspektive, dann so gut wie möglich aus der Perspektive des Gegenübers erlebt.

Bewältigungsimagination

Wenn das Problem aus einer bestimmten Situation in der Zukunft besteht, die es zu bewältigen gilt – beispielsweise eine Prüfung, ein Vorstellungsgespräch –, dann kann eine Bewältigungsimagination helfen. Zuerst nähert man sich der Situation in der Entspannung langsam an, dann macht man sich mit der Situation vertraut, imaginiert ihre erfolgreiche Bewältigung, und die Bestätigung danach. Das sollte wiederholt und in möglichst realistischer Annäherung an die Situation geschehen, die den Imaginierenden dann später in der Wirklichkeit erwartet.

Bei Problemen, die weniger auf eine einmalige spezifische Situation bezogen sind, sondern in ähnlichen Situationen immer wiederkehren, wie beispielsweise Schüchternheit, können im Sinne einer Desensibilisierung verschiedene beispielhafte Bilder eingestellt werden, immer mit den Stationen: vorsichtige Annäherung – angemessene Bewältigung – Selbstbestätigung.

Gibt es Vorbehalte gegen das Betrachten der eigenen Person, kann auch einer anderen Person zugeschaut werden, wie sie das Problem erfolgreich bewältigt. Vorbildlernen gilt als erfolgreicher, wenn das beobachtete Modell keineswegs von Anfang an perfekt ist, sondern seine anfänglichen Schwierigkeiten erfolgreich meistert. Bei Kindern können hierzu auch Helden aus den Medien dienen.

Übertreibung

Ängste oder deren Auswirkung können in der Vorstellung stark übertrieben werden. Das mobilisiert Widerspruch (»So schlimm ist es in Wirklichkeit ja gar nicht«) und Humor (zu Angst inkompatible Reaktion) und bewirkt eine größere Distanz zum Problem. Fast immer werden Probleme sehr wichtig genommen – und dadurch verstärkt. Deshalb hilft bei vielen Problemen alles, was distanziert, so auch die Übertreibung.

Problemidentifikation

Eine Imagination zu Berg und Bergbesteigung (siehe S. 83) ist oft hilfreich dabei, eine nähere und tiefere Bestimmung des Problems zu erhalten, ganz besonders bei Problemen, die mit Leistung zu tun haben. Die Imagination des Berges – klein oder groß, Fels und Eis oder Wiesen und Wälder – wird gern als Medium zur allgemeinen Darstellung der persönlichen Sicht von Problemen und der eigenen Bewältigungskapazität genutzt. Die Besteigung kann dazu beitragen, die Bewältigungskapazität subjektiv zu verändern.

Zustandsimagination

Grundsätzlich können alle frei vorzustellenden Bilder etwas über den augenblicklichen Zustand aussagen. Wenn beispielsweise der Berg vorgestellt wird, kann die Landschaft und die gesamte Atmosphäre mit Jahreszeit, Wetter genauer ausgemalt und im Sinne einer Aussage über die subjektive Gesamtsituation des Imaginierenden aufgefaßt werden. Verbreitet ist aber dazu eine spezielle Imagination, nämlich die Vorstellung, ein Rosenbusch zu sein (siehe S. 88).

Die Rose birgt mit ihrer Blüte und den Stacheln besondere Möglichkeiten für den Imaginierenden, am selben Objekt zu verschiedenen Zeiten unterschiedliche Aspekte seiner selbst zu betonen und darzustellen. Ansonsten wird hier wie bei anderen Identifikationsobjekten auf die Umgebung geachtet: In welchem Umfeld wächst der Rosenbusch? Wie ist das Wetter? Steht er in nachbarschaftlicher Beziehung zu anderen Pflanzen oder zu Tieren? Wie ist diese Beziehung? Wie ist die Erde, in der er wächst? Ist es *eine* Rose, sind es mehrere? Wie ist die Blüte? Werden eher die Dornen betont? Wie ist das Gefühl dabei?

Natürlich kann auch empfohlen werden, für den augenblicklichen oder den allgemeinen Zustand einfach ein Bild zu finden. Vielen Menschen ist eine genauere Anleitung allerdings lieber.

Rollenimagination

In der Imagination kann eine bestimmte Rolle des eigenen Lebens, des realen oder eines erwünschten, übernommen werden, oder die Rolle von wichtigen Personen der Umgebung. So lassen sich Einstellungen und Wunschvorstellungen oft wesentlich prägnanter fassen und klären als im Gespräch.

Fahndung nach Selbstverbalisationen

Fast immer sind bei Problemen überdauernde Wertvorstellungen oder unangemessene Selbstaussagen zumindest mitentscheidend. Um diese zu identifizieren, kann nach Selbstverbalisationen gefahndet werden (siehe S. 114 ff.). Dazu läßt sich die Aufgabe stellen, in sich hineinzuhorchen und nach Sätzen zu suchen, die mit »Ich muß ...« oder »Ich furchte mich vor ...« oder »Alle Menschen sollten ...« beginnen. Das kann auch gut als Hausaufgabe gegeben werden. Die Sätze werden notiert und besprochen. Als relevant und ungünstig identifizierte Sätze können – zunächst versuchsweise – durch vergleichbare aber als günstig eingestufte ersetzt werden. Wenn sich Widerstände einstellen, die »neuen« Sätze anzunehmen, kann man darum bitten, für diese Widerstände nun Bilder zu finden. Was würde der neue Satz oder der Verzicht auf den alten für das eigene Leben bedeuten?

Reale Bilder und Imagination

Den Personen, die Schwierigkeiten haben, sich beispielsweise eine entspannende Landschaft »einfach so« vorzustellen, können Fotos zur Unterstützung der Vorstellung vorgelegt werden.

Umgekehrt können über das in der Imagination Erlebte Bilder gemalt oder aus einem vorhandenen Fundus ausgesucht und zu Hause an gut einsehbaren Stellen aufgehängt werden, beispielsweise ein Bild, das an den Ruheort der Imagination erinnert, das so im Alltag schon durch das Betrachten Entspannung auslösen kann und außerdem motiviert, die Imagination wieder durchzuführen.

Auch die Arbeit mit Karten ist möglich, die prägnante menschliche Figuren abbilden, beispielsweise Tarotkarten lassen sich dazu verwenden. Der Imaginierende sucht sich aus verschiedenen angebotenen Karten eine aus (beispielsweise eine verschleierte Frau, einen Krieger, eine Tänzerin, ein lachendes Kind) und versucht, damit in der Imagination zu arbeiten. Die Karte sollte einen Bezug zum eigenen Entwicklungsstand haben oder zur Vorstellung des zukünftigen Weges passen. Solche Figuren sollten wiederholt imaginiert werden, weil vor allem die weitere Entwicklung im Laufe der Sitzungen interessant werden kann.

Körperempfindung

In der Vorstellung erfühlt der Imaginierende den eigenen Körper. Vielleicht wird dieser nur imaginativ abgetastet, vielleicht schickt der Imaginierende ein Energie- oder Lichtfeld hindurch, vielleicht begleitet er ein Blutkörperchen auf seiner Reise durch den Körper. Dabei wird darauf geachtet, zu welchen Körperregionen ein guter Zugang besteht, wo ein gutes Gefühl vorhanden ist, und bei welchen Körperregionen der Zugang eher schlecht oder mit einem unguten Gefühl verbunden ist. Diese Übung ist nicht nur bei »psychosomatischen« Patienten interessant.

Später kann dieses Energie- oder Lichtfeld oder das Blutkörperchen auch genutzt werden, überall im Körper beispielsweise Ruhe, Gesundheit, Freude, Entspannung zu verbreiten, eventuell unterstützt durch Farbgebungen. Bei diesen steht beispielsweise Blau für den noch vor dem Energiefeld liegenden unentspannten Körper, der dann aber durch das vorwärtsgleitende Energiefeld entspannt wird und seine Farbe zu Rot hin ändert (Farben je nach Präferenzen des Imaginierenden).

Spiegel

In einem Spiegel wird ein Bild seiner selbst imaginiert, mit allen Fehlern und Schwächen und Vorzügen. Dann wird ein Bild imaginiert, wie man selbst gern sein möchte. Dann geht man zum Bild des aktuellen Zustandes zurück und blendet von diesem aus langsam zum Wunschzustand über. So werden die Unterschiede erkannt – und über die imaginierte Veränderung wird die Möglichkeit einer tatsächlichen Veränderung realisiert. Da unser Bild von uns selbst, die Einschätzung unserer Schwächen und Stärken, nicht zum wenigsten auf Vorstellungen und nur zu einem begrenzten Anteil auf objektiven Maßen basiert, wird die wiederholte und als befriedigend empfundene Spiegelimagination auch zur tatsächlichen Veränderung des Selbstbildes beitragen können – und über dieses zur Verhaltensänderung.

Entsorgung

Immer wiederkehrende als schädlich erkannte Bilder oder Gedanken können in der Vorstellung entsorgt werden. Am besten, der Imaginierende findet dazu selbst das für ihn passende Bild. Anregungen können sein: begraben, verbrennen, verpacken und verschicken oder im Meer versenken, in den Weltraum schießen.

Hinter den Bildern

»*In Wahrheit giebt es keine* individuellen Wahrheiten, *sondern lauter individuelle* Irrthümer – das Individuum *selber ist ein* Irrthum. *Alles was in uns vorgeht, ist an sich etwas* Anderes, *was wir nicht wissen: wir legen die Absicht und die Hintergehung und die Moral erst in die Natur hinein. – Ich unterscheide aber: die eingebildeten Individuen und die wahren* »Lebens-systeme«, *deren jeder von uns eins ist – man wirft beides in eins, während* »das Individuum« *nur eine Summe von bewußten Empfindungen und Urtheilen und Irrthümern ist, ein* Glaube, *ein Stückchen vom wahren Lebenssystem oder viele Stückchen zusammengedacht und zusammengefabelt, eine* »Einheit«, *die nicht Stand hält. [...]*«
Friedrich Nietzsche, Nachgelassene Fragmente 1881

Am Schluß des Buches stellt sich noch einmal die Frage, wo denn der Unterschied zwischen den äußeren und den inneren Bildern liegt. Beide sind in gleicher Weise am Aufbau unserer Wirklichkeit beteiligt. Liegt der Unterschied einfach in der Lokalisation des Ursprungs: hier die Sinnesorgane, dort die assoziative Tätigkeit des Gehirns?

Wenn wir in ein Buch schauen, nehmen wir Buchstaben wahr, oft sogar kaum mehr sie, sondern gleich Wörter. Wir nehmen keine Strichmuster wahr, aus denen wir dann erst Buchstaben und Wörter bilden. Alles hat sofort einen Sinn. Wenn ich den Blick hebe und schweifen lasse, sehe ich einen Schreibtisch, Bücher, einen Bildschirm, Boxen, Gardinen, Pflanzen auf dem Fensterbrett, durchs Fenster das gegenüberliegende Haus. All dies ist schon immer ganz vorhanden, jedes als Gegenstand, umrissen, abgegrenzt gegen die anderen. Da sind keine tanzenden Punkte, die sich aufbauen zu Linien, Flächen, deren Kanten verstärkt werden, deren Lichtfrequenzen in Farben umgesetzt eine ganz neue Qualität ins aufgenommene Bild hineinbringen. Die Analyse-, Aufbau- und Integrationsleistung des Gehirns ist in dem, was wir sehen, schon immer vorhanden. Sie vollzieht sich nicht, wenn wir etwas bewußt wahrnehmen, sie ist in der bewußten Wahrnehmung bereits abgeschlossen enthalten. Aber das braucht doch Zeit. Nicht viel, aber ein bißchen. Da muß eine Verzögerung bestehen zwischen der Aufnahme in den Sinnesorganen und dem Aufbau des Bildes im Gehirn. Wir nehmen nichts davon wahr.

Libets Experimente (siehe Nörretranders, 1994) zeigen, daß willentliche Handlungen bereits etwa eine halbe Sekunde *bevor* sie bewußt initiiert werden, in sich aufbauenden Bereitschaftspotentialen nachweisbar sind. Nicht unser Bewußtsein handelt, sondern andere Instanzen in uns tun dies; das Bewußtsein begleitet nur. Entsprechend umgekehrt verhält es sich mit der bewußten Wahrnehmung unserer Umgebung. Was wir sehen, bewußt sehen, sind aufbereitete Daten, die bereits Geschichte sind. Unser Bewußtsein erlebt immer nur das, was schon war, es sieht die bereits vergangenen Ereignisse, erlebt das Endprodukt ihrer Verarbeitung – dies aber ist ihre Interpretation. Unser Bewußtsein erlebt immer nur Deutungen, nie die Ereignisse selbst. Es erlebt nicht die Gegenwart, sondern einen Film, eine Simulation dessen, was war – und das ist ihm seine Gegenwart. Was unser Bewußtsein wahrnimmt, sind *immer* nur *innere* Bilder, ob ihr Ursprung nun nach innen oder nach außen projiziert wird. Die Bilder unterscheiden sich durch diese Projektion ihres Ursprungs und Geltungsbereichs – Kunstprodukte sind beide, Kunstprodukte für unser Erleben, für die Projektion in unserem Bewußtsein.

Denn dies ist die Funktion unseres Bewußtseins: alles immer verspätet, aber integriert und interpretiert zu erleben, in einer künstlichen Sprache von Formen und Farben, Gefühlen, *Gedanken,* und dies alles zusammenzunehmen, in eines gefaßt darzubieten dem Vielen, was in uns ist und das viele Sprachen spricht und gemeinsam nur *eine* versteht: die Sprache der inneren Bilder. Über die Sprache der inneren Bilder erfolgt die »höhere« Kommunikation in uns selbst.

Die Versuche von Libet und die Auseinandersetzungen mit ihnen lassen keinen Zweifel mehr, daß unser Bewußtsein nicht *die* treibende Kraft in unserem Leben ist, für die »wir« sie halten (für die es sich hält). Am Anfang auch von anscheinend »willentlichen« Handlungen stehen unbewußte Prozesse. Der Bewegungsimpuls zu Handlungen stammt nicht aus dem Bewußtsein, sondern aus einer anderen Instanz.

Als Ergebnis der zahlreichen Versuche mit Hirnsplitpatienten

(Patienten mit operativ voneinander getrennten Großhirnhälften, siehe Gazzaniga 1989) wird man verbessern müssen: aus *mehreren* Instanzen. Offenbar initiieren unterschiedliche Instanzen im Gehirn gleichermaßen Aktionen, die unter bestimmten Umständen (wie einer solchen Operation) auch in Widerspruch zueinander geraten können (aber selbst wir »Normalen« spüren im Alltag immer wieder etwas davon, wenn wir darauf achten). Unser Bewußtsein schaut dies wie von außen an, es initiiert nicht, es interpretiert, es macht aus dem Vielen, das von »unten« kommt, einen Sinn, wenn nötig auch erst eine Einheit. Unser Bewußtsein ist wie die personifizierte Harmonie, die eine Familie nach außen hin zeigt.

Das Bewußtsein, gerade das von uns, mit dem »wir« uns am stärksten identifizieren, ein bloßer Zuschauer auf der Bühne des Lebens – oder ein Aushängeschild? Es gibt auch andere Interpretationen. Aber selbst Wissenschaftler mit einem religiösen Hintergrund, der dem Ich dogmatisch einen starken Platz garantiert, wie Eccles oder Libet selbst, besetzen nur noch Rückzugspositionen, etwa die Ansicht, daß das Ich zwar keine Aktionen initiiere, aber ein Vetorecht besitze, so daß es an ihm liege, welche von verschiedenen »tiefer« initiierten Aktionen wirklich ausgeführt wird.

Daß das Bewußtsein viel weniger ist, als wir glaubten, als es selbst von sich in der abendländischen Tradition jahrtausendelang glaubte, könnte nur durch völlig neue Entdeckungen wieder umgestoßen werden. Diese sind auch mit Blick auf östliche Traditionslinien (so die buddhistische Anattha-Philosophie) unwahrscheinlich, die mit anderen Methoden Einsichten gewonnen haben, die mit Ergebnissen westlicher Hirnforschung merkwürdig korrespondieren.

Wohin die Weiterentwicklung unserer eigenen Tradition führen wird, ob eine Auflösung oder eine Neudefinition von Ich und Bewußtsein sich durchsetzen wird, ist nicht zu überschauen. Das wird sich vollziehen. Wir werden ein Teil dessen sein, was dies vollzieht.

Nachwort

»*Tochter: Pappi, warum benutzt du die übrigen drei Viertel deines Gehirns nicht?*

Vater: Oh, ja – das – weißt du, das Problem ist, daß ich auch Lehrer in der Schule hatte. Und die haben ein Viertel meines Gehirns mit Nebel gefüllt. Und dann habe ich Zeitungen gelesen und auf das gehört, was andere Leute sagten, und da war ein weiteres Viertel vernebelt.

Tochter: Und das andere Viertel, Pappi?

Vater: Oh, das ist der Nebel, den ich selbst erzeugt habe, als ich versuchte nachzudenken.«

Gregory Bateson, Metalog: Wieviel weißt du?, 1953

Psychologische Theorien gibt es viele. Eines verbindet sie jedoch alle: Sie sind falsch. Falschheit ist ja gerade das Kriterium, das eine Theorie auszeichnen *muß*, wenn sie ernstgenommen werden möchte, das heißt, wenn sie das vielfältige und widersprüchliche Leben nicht nur abbilden, sondern auf wenige zugrundeliegende Elemente zurückführen will. Jeder weiß das. Aber kaum einer lebt tatsächlich danach.

Wir sind gewohnt, Techniken auf dem Hintergrund gemessen dreinschauender und akademisch steifer Positionen eher zu vertrauen (vor allem wenn sie zur Kassenabrechnung berechtigen) als den oft eulenspiegelhaft wirkenden esoterischen Bezauberungsversuchen. Das geht mir auch so. Das ist sicher auch gut so.

Ich habe allerdings früher hier und da versucht, eine bestimmte psychologische Technik statt durch die angebotene theoretische Erklärung auf dem Hintergrund irgendeiner ganz anderen Theorie zu verstehen und hatte dabei nie Probleme. Der Zusammenhang zwischen psychologischen Theorien und Techniken ist ein sehr loser, wie mir oft scheint, ein rein zufälliger. Und wirksame Techniken gibt es in allen Schulen.

So bestehen denn auch Bemühungen, Techniken anderer Schulen in die Begriffe der eigenen zu fassen und zu integrieren. Die Methodenvielfalt in den einzelnen Schulen nimmt damit zu, die Kunst der gewundenen Sprachführung auch. Vielleicht erleben wir bereits eine Art Wettbewerb, welche Schule am meisten »schlucken« kann, bis sie platzt. Die Verhaltenstherapie scheint bei diesem »Schlucken« die Nase vorn zu haben. Sind es nun ihre Freunde oder ihre Feinde, die behaupten, sie sei eben am dehnbarsten bzw. dem Platzen am nächsten?

Mir scheint es besser, von Techniken auszugehen als von Theorien. Vielleicht läßt sich von diesen aus einmal ein Rahmen finden, der alles natürlich umfaßt. Vielleicht ist das aber auch ganz gleichgültig, und die große Theorie »Psychologie« reicht als Rahmen schon aus. Das Konzept der inneren Bilder ist zwar über den Techniken angesiedelt, als etwas, worauf sich viele davon beziehen, für einen übergreifenden Rahmen aber ist es dennoch zu eng.

Natürlich setzen Fachgesellschaften und die Praxis der Kassenzulassung eigene Realitäten, die stärker wirken als die Realität der psychologischen Phänomene. So bin ich zwar davon überzeugt, daß sich die Arbeit mit inneren Bildern in den nächsten Jahrzehnten noch weiter und schulübergreifend intensivieren wird. Für die Psychologie insgesamt aber wird es nur ein Wunsch bleiben können, den ich da hege. Was ich ihr wünsche? *Aus der Schule zu kommen.*

Literatur

Achterberg, Jeanne: Heilung durch Gedankenkraft. Die heilende Kraft der Imagination. Scherz, Bern, München, Wien, 1989 (amerikanisches Original 1985). (Als Taschenbuch bei Rowohlt unter dem Titel: Gedanken heilen. Die Kraft der Imagination.)

Altmann, Heinz: Autogenes Training bei einer Erkrankung an Keuchhusten. Zeitschrift für Psychotherapie und Medizinische Psychologie, 3, 1953, 74–75.

Ammann, A. N.: Aktive Imagination. Darstellung einer Methode. Walter, Olten, 1978.

Anyanwu, E.: Mental imagery of photic stimulation provokes paroxysmal EEG activity in a photosensitive patient who self-induces seizures. Italian Journal of Neurological Sciences, 18, 1997, 93–100.

Baldauf, Christa: Metapher und Kognition. Grundlagen einer neuen Theorie der Alltagsmetapher. Peter Lang, Frankfurt am Main, 1997 (philosophische Dissertation aus dem Saarland).

Bateson, Gregory: Ökologie des Geistes. Anthropologische, psychologische, biologische und epistemologische Perspektiven. Suhrkamp, Frankfurt am Main, 1988 (2. Auflage, amerikanisches Original 1972).

Baumann, Sigurd: Psychologie im Sport. Meyer & Meyer, Aachen, 1998 (2. überarbeitete Auflage, 1. Aufl. 1993).

Benedetti, Gaetano & Maurizio Peciccia: Was sind und wie wirken imaginative Verfahren in der Psychotherapie von psychotischen Patienten? In: Kottje-Birnbacher, Leonore; Ulrich Sachsse & Eberhard Wilke (Hg.): Imagination in der Psychotherapie. Huber, Bern, 1997, 199–206.

Bölcs, Erik: Das Unbewußte als Co-Therapeut. Hypnotherapeutische Arbeit mit unbewußten Persönlichkeitsanteilen. In: Kottje-Birnbacher, Leonore; Ulrich Sachsse & Eberhard Wilke (Hg.): Imagination in der Psychotherapie. Huber, Bern, 1997, 126–132.

Bohan, Michael; James A. Pharmer & Alan F. Stokes: When does imagery practice enhance performance on a motor task? Perceptual and Motor Skills, 88, 1999, 651–658.

Bongartz, Bärbel & Walter Bongartz: Hypnose. Wie sie wirkt und wem sie hilft. Rowohlt Taschenbuch, Reinbek, 1992 (1. Aufl. 1988).

Bongartz, Walter: Hypnose und immunologische Funktionen. In: Revenstorf, Dirk (Hg.): Klinische Hypnose. Springer, Berlin, 1990, 116–136.

Bonnet, M. und Mitarbeiter: Mental simulation of an action modulates the excitability of spinal reflex pathways in man. Brain Research, Cognitive Brain Research, 5, 1997, 221–228.

Brandon, S.; J. Boakes, D. Glaser & R. Green: Recovered memories of childhood sexual abuse. Implications for clinical practice. British Journal of Psychiatry, 172, 1998, 296–307.

Brigham, Deirdre Davis & Philip O. Toal: The use of imagery in a multimodal psychoneuroimmunology program for cancer and other chronic diseases. In: Kunzendorf, Robert G. (Hg.): Mental Imagery, Plenum Press, New York, 1991, 193–198.

Bryant, R. A. & A. G. Harvey: Visual imagery in posttraumatic stress disorder. Journal of Traumatic Stress, 9, 1996, 613–619.

Campos, A.; J. L. Marcos & M. A. Gonzalez: Emotionality of words as related to vividness of imagery and concreteness. Perceptual and Motor Skills, 88, 1999, 1135–1140.

Campos, Alfredo; María-José Perez-Fabello & Maria-Angeles Gonzalez: Capacity for mental imagery and its spontaneous use. Perceptual and Motor Skills, 88, 1999, 856–858.

Cautela, Joseph R. & Leigh McCullough: Verdecktes Konditionieren: Eine lerntheoretische Perspektive der Vorstellungskraft. In: Singer, Jerome L. & Kenneth S. Pope (Hg.): Imaginative Verfahren in der Psychotherapie. Junfermann, Paderborn, 1986 (amerikanisches Original 1978), 291–321.

Chargaff, Erwin: Das Feuer des Heraklit. Skizzen aus einem Leben vor der Natur. Luchterhand, Frankfurt am Main, 1989 (amerikanische Erstausgabe 1979).

Chatterjee, A. & M. H. Southwood: Cortical blindness and visual imagery. Neurology, 45, 1995, 2189–2195.

Choi, Bhum-Sik: Experimentelle Untersuchung über die imaginative Erlebensweise reaktiv Depressiver unter Verwendung des Blumenbildes im Katathymen Bilderleben und die Rhythmisch-Photische Stimulation. Unveröffentlichte Dissertation, Wuppertal, 1995.

Cohen, David & Stephen A. MacKeith: The development of imagination. The private worlds of childhood. Routledge, London & New York, 1991.

Conduit, R.; D. Bruck & G. Coleman: Induction of visual imagery during NREM sleep. Sleep, 20, 1997, 948–956.

Conklin, Cynthia A.; Stephen T. Tiffany & Scott R. Vrana: The impact of imagining completed versus interrupted smoking on cigarette craving. Experimental and Clinical Psychopharmacology, 8, 2000, 68–74.

Cooney, N. L. und Mitarbeiter: Alcohol cue reactivity, negative-mood reactivity, and relapse in treated alcoholic men. Journal of Abnormal Psychology, 106, 1997, 243–250.

Courbois, Y.: Evidence for visual imagery deficits in persons with mental retardation. American Journal of Mental Retardation, 101, 1996, 130–148.

Crawford, H. J. & S. N. Allen: Paired-associate learning and recall of high and low imagery words: moderating effects of hypnosis, hypnotic susceptibility level, and visualization abilities. American Journal of Psychology, 109, 1996, 353–372.

Cunnington, R.; R. Iansek, J. L. Bradshaw& J. G. Phillips: Movement-related potentials associated with movement preparation and motor imagery. Experimental Brain Research, 111, 1996, 429–436.

Cunnington, R. und Mitarbeiter: Movement-related potentials in Parkinson's disease. Motor imagery and movement preparation. Brain, 120, 1997, 1339–1353.

Dadds, M. R. und Mitarbeiter: Imagery in human classical conditioning. Psychological Bulletin, 122, 1997, 89–103.

Dalman, J. E.; W. I. Verhagen & P. L. Huygen: Cortical blindness. Clinical Neurology and Neurosurgery, 99, 1997, 282–286.

Damasio, Antonio R.: Descartes' Irrtum. Fühlen, Denken und das menschliche Gehirn. dtv, München, 1997 (amerikanisches Original 1994).

Decety, J.: Do imagined and executed actions share the same neural substrate? Brain Research, Cognitive Brain Research, 3, 1996a, 87–93.

Decety, J.: The neurophysiological basis of motor imagery. Behavioural Brain Research, 77, 1996b, 45–52.

Deiber, M. P. und Mitarbeiter: Cerebral processes related to visuomotor imagery and generation of simple finger movements studied with positron emission tomography. Neuroimage, 7, 1998, 73–85.

Denis, Michel: Imagery and thinking. In: Cornoldi, Cesare & Mark A. McDaniel (Hg.): Imagery and cognition. Springer, New York, 1991, 103–131.

D'Esposito, M. und Mitarbeiter: A functional MRI study of mental image generation. Neuropsychologia, 35, 1997, 725–730.

Dikel, William & Karen Olness: Self-hypnosis, biofeedback, and voluntary pheripheral temperature control in children. Pediatrics, 66, 1980, 335–340.

Drobes, D. J. & S. T. Tiffany: Induction of smoking urge through imaginal and in vivo procedures: physiological and self-report manifestations. Journal of Abnormal Psychology, 106, 1997, 15–25.

Duerr, Hans Peter: Traumzeit. Über die Grenze zwischen Wildnis und Zivilisation. Syndikat, Frankfurt am Main, 1978.

Dux, Günter: Die Logik der Weltbilder. Sinnstrukturen im Wandel der Geschichte. Suhrkamp, Frankfurt am Main, 1982.

Eibl-Eibesfeldt, Irenäus: Die Biologie des menschlichen Verhaltens. Grundriß der Humanethologie. Piper, München, 3. überarbeitete und erweiterte Auflage 1995 (1. Aufl. 1984).

Einstein, Albert: Mein Weltbild. Herausgegeben von Carl Seelig. Ullstein, Frankfurt am Main, 1981 (Erstausgabe 1934).

Ellis, Albert: Die rational-emotive Therapie. Das innere Selbstgespräch bei seelischen Problemen und seine Veränderung. J. Pfeiffer, München, 1977 (3. Auflage 1982, amerikanisches Original 1962).

Engel, Rolf R.: Experimente zur Psychophysiologie des Traumes. Unveröffentlichte Dissertation, Düsseldorf, 1972.

Fallgatter, A. J.; T. J. Müller & W. K. Strik: Neurophysiological correlates of mental imagery in different sensory modalities. International Journal of Psychophysiology, 25, 1997, 145–153.

Farah, Martha J.: The neural bases of mental imagery. In: Gazzaniga, Michael S. (Hg.): The cognitive neurosciences. Massachusetts Institute of Technology (MIT), Cambridge, 1995, 963–985.

Farthing, G. W. und Mitarbeiter: Internal and external distraction in the control of cold-pressor pain as a function of hypnotizability. International Journal of Clinical and Experimental Hypnosis, 45, 1997, 433–446.

Fletcher, P. C. und Mitarbeiter: Brain activity during memory retrieval. The influence of imagery and semantic cueing. Brain, 119, 1996, 1587–1596.

Florin, Irmela: Entspannung – Desensibilisierung. Leitfaden für die Praxis. Kohlhammer, Stuttgart, 1978.

Foulkes, David: Children's dreams. Longitudinal studies. John Wiley & Sons, New York, 1982.

Friebel, Volker: Schlafprobleme aktiv angehen. Trias, Stuttgart, 1990.

Friebel, Volker & Sabine Friedrich: Entspannungsverfahren bei Schlafstörungen. Krankenhauspsychiatrie, 3, 1992, 82–87.

Friebel, Volker (Hg.); Ilse Ledvina & Armin Roßmeier: So arbeitet das Immunsystem. Funktionsweise, Störungen, natürliche Stärkung. Falken, Niedernhausen, 1992.

Friebel, Volker: Die Kraft der Vorstellung. Mit Visualisierung die Selbstheilung anregen. Trias, Stuttgart, 1993 (inklusive Tonkassette).

Friebel, Volker: Entspannungstraining für Kinder – eine Literaturübersicht. Praxis der Kinderpsychologie und Kinderpsychiatrie, 43, 1994, 16–21.

Friebel, Volker: Gelassenheit und Ruhe. Entspannungsübungen für den Alltag. Buch mit Tonkassette. Trias, Stuttgart, 1994.

Friebel, Volker; mit Musik von Jean-Pierre Garattoni: Die sanfte Kraft der inneren Bilder. Mit Fantasiereisen zu mehr Wohlbefinden. Doppel-CD mit Begleitheft. Trias, Stuttgart, 1997.

Friebel, Volker: Die innere Weite erspüren. Aus Fantasiereisen Ruhe und Kraft schöpfen. Walter, Zürich, 1998.

Friebel, Volker & Marianne Kunz: Mandalareisen. Entdecken – erfahren – gestalten. Walter, Zürich, 1999.

Friebel, Volker & Marianne Kunz: Mandalareisen für das Wohlbefinden. CD mit Begleitheft. Patmos, Edition Walter, Düsseldorf und Zürich, 1999.

Friebel, Volker; mit Musik von Jean-Pierre Garattoni: Ziele erreichen durch kreatives Visualisieren. Wie Sie mit Ihrer Vorstellungskraft Ihre Chancen optimieren. CD mit Begleitheft. Trias, Stuttgart, 1999.

Friedrich, Sabine & Volker Friebel (Hg.): Ruhig und entspannt. Körperübungen, Entspannungstechniken, Meditation und Fantasiereisen für Kinder. Rowohlt Taschenbuch, Reinbek, 1998.

Frith, C. & R. J. Dolan: The role of the prefrontal cortex in higher cognitive functions. Brain Research, Cognitive Brain Research, 5, 1996, 175–181.

Frith, C. & R. J. Dolan: Brain mechanisms associated with top-down processes in perception. Philosophical Transactions of the Royal Society of London, 352, 1997, 1221–1230.

Fulcher, E. P. & R. P. Cocks: Dissociative storage systems in human evaluative conditioning. Behaviour Research and Therapy, 35, 1997, 1–10.

Gazzaniga, Michael S.: Das erkennende Gehirn. Entdeckungen in den Netzwerken des Geistes. Junfermann, Paderborn, 1989 (amerikanisches Original 1985).

Giambra, Leonard M. & Alicia Grodsky: Aging, imagery, and imagery vividness in daydreams: cross-sectional and longitudinal perspectives. In: Kunzendorf, Robert G. (Hg.): Mental Imagery, Plenum Press, New York, 1991, 23–33.

Govinda, Lama Anagarika: Mandala. Der heilige Kreis. Meditationsgedichte und Betrachtungen. Origo, Bern, 1984.

Graf, Ralf; Jörg Gehrke, Wolfgang Prinz & Theo Herrmann: Mentale Selbstrotation: Erste Hinweise auf ein psychomotorisches Korrelat. Max-Planck-Institut für Psychologische Forschung, München, 1998.

Gregerson, M. B.; I. M. Roberts & M. M. Amiri: Absorption and imagery locate immune responses in the body. Biofeedback and Self Regulation, 21, 1996, 149–165.

Gubelmann, Hanspeter: Geistiges Probehandeln motorischer Fertigkeiten. Eine quasi-experimentelle Felduntersuchung zum Mentalen Training mit Jugendlichen im Schulturnen. Unveröffentlichte Dissertation, Zürich, 1996.

Hacking, Ian: Multiple Persönlichkeit. Zur Geschichte der Seele in der Moderne. Hanser, München, 1996 (amerikanisches Original 1995).

Häcker, Hartmut & Kurt H. Stapf (Hg.): Dorsch. Psychologisches Wörterbuch. Hans Huber, Bern, 1998 (13. Auflage).

Hall, H.; A. Papas, M. Tosi & K. Olness: Directional changes in neutrophil adherence following passive resting versus active imagery. International Journal of Neuroscience, 85, 1996, 185–194.

Hall, Nicholas R. S. & Maureen P. O'Grady: Psychosocial interventions and immune function. In: Ader, Robert; David L. Felten & Nicholas Cohen (Hg.): Psychoneuroimmunology. Second Edition. Academic Press, San Diego, 1991, Seite 1067–1080.

Harding, S.: Relaxation: with or without imagery? International Journal of Nursing Practice, 2, 1996, 160–162.

Hart, R. und Mitarbeiter: Immunmodulation durch gastrointestinale Neuropeptide. Deutsche Medizinische Wochenschrift, 115, 1990, 944–948.

Hartmann, Matthias S.: Die Fenster der Seele öffnen. Zur Katathym-imaginativen Psychotherapie Krebskranker. In: Kottje-Birnbacher, Leonore; Ulrich Sachsse & Eberhard Wilke (Hg.): Imagination in der Psychotherapie. Huber, Bern, 1997, 168–174.

Herbert, Tracy Bennett & Sheldon Cohen: Stress and immunity in humans: a meta-analytic review. Psychosomatic Medicine, 55, 1993, 364–379.

Hewson-Bower, B. & P. D. Drummond: Secretory immunoglobulin A increases during relaxation in children with and without recurrent upper respiratory tract infections. Journal of Developmental and Behavioral Pediatrics, 17, 1996, 311–316.

Herbert, Tracy Bennett & Sheldon Cohen: Stress and immunity in humans: a meta-analytic review. Psychosomatic Medicine, 55, 1993, 364–379.

Hippius, Hanns; Eckart Rüther & Max Schmauß (Hg.): Schlaf-Wach-Funktionen. Springer, Berlin, 1987.

Hobson, J. Allan & Robert W. McCarley: The brain as a dream state generator: an activation-synthesis hypothesis of the dream process. The American Journal of Psychiatry, 134, 1977, 1335–1348.

Hobson, J. Allan & Robert Stickgold: The conscious state paradigm: a neurocognitive approach to waking, sleeping, and dreaming. In: Gazzaniga, Michael S. (Hg.): The cognitive neurosciences. Massachusetts Institute of Technology (MIT), Cambridge M. A., 1995, 1373–1389.

Höllinger, P.; R. Beisteiner, W. Lang, G. Lindinger & A. Berthoz: Mental representations of movements. Brain potentials associated with imagination of eye movements. Clinical Neurophysiology, 110, 1999, 799–805.

Hoffmann, Bernt: Handbuch des autogenen Trainings. Grundlagen, Technik, Anwendung. dtv, München, 1987 (3. erweiterte Auflage; 1. Aufl. 1977).

Holton, Gerald: The scientific imagination. Harvard University Press, Cambridge, 1998 (1. Aufl. 1978).

Howard, R. J. und Mitarbeiter: The functional anatomy of imagining and perceiving colour. Neuroreport, 9, 1998, 1019–1023.

Jaffé, Aniela (Hg.): Erinnerungen, Träume, Gedanken von C. G. Jung. Walter, Zürich und Düsseldorf 1999 (1. Aufl. 1971)

Johnson, M. H.; G. Breakwell, W. Douglas & S. Humphries: The effects of imagery and sensory detection distractors on different measures of pain: how does distraction work? British Journal of Clinical Psychology, 37, 1998, 141–154.

Kasai, T.; S. Kawai, M. Kawanishi & S. Yahagi: Evidence for facilitation of motor evoked potentials (MEPs) induced by motor imagery. Brain Research, 744, 1997, 147–150.

Kast, Verena: Imagination als Raum der Freiheit. Dialog zwischen Ich und Unbewußtem. dtv, München, 1997 (2. Auflage, Erstausgabe 1988 bei Walter).

Kiecolt-Glaser, Janice K. & Ronald Glaser: Stress and immune function in humans. In: Ader, Robert; David L. Felten & Nicholas Cohen (Hg.): Psychoneuroimmunology. Second Edition. Academic Press, San Diego, 1991, 849–867.

Kiefer, Markus: Zur kortikalen Organisation semantischer Informationsverarbeitung. In: Kotkamp, Uwe & Werner Krause (Hg.): Intelligente Informationsverarbeitung. Deutscher Universitäts-Verlag, Wiesbaden, 1998, 201–208.

Klauß, Barbara: Über die Psychohygiene und über Möglichkeiten zu ihrer Anwendung in der Schule unter besonderer Berücksichtigung von Entspannungsübungen. Unveröffentlichte Dissertation, Aachen, 1982.

Klosterhalfen, Wolfgang & Sibylle Klosterhalfen: Psychoimmunologie. In: Thure von Uexküll (Hg.): Psychosomatische Medizin, Urban & Schwarzenberg, München, 1990 (4. Auflage), 195–211.

Koella, Werner P.: Die Physiologie des Schlafes. Gustav Fischer, Stuttgart, 1988.

Kopp, Elisabeth: Visualisierungsverfahren in der Behandlung von Patienten mit chronischer Polyarthritis. Psychologische und somatische Effekte. Roderer, Regensburg, 1998.

Kosslyn, S.M.; W.L. Thompson & N.M. Alpert: Neural systems shared by visual imagery and visual perception: a positron emission tomography study. Neuroimage, 6, 1997, 320–334.

Kossak, Hans-Christian: Hypnose. Ein Lehrbuch. Psychologie-Verlags-Union, München, 1997 (3. korrigierte Auflage, 1. Aufl. 1989).

Kosslyn, Stephen M.: Image and brain. The resolution of the imagery debate. MIT-Press, Cambridge, 1994.

Kottje-Birnbacher, Leonore; Ulrich Sachsse & Eberhard Wilke (Hg.): Imagination in der Psychotherapie. Huber, Bern, 1997.

Koukkou, Marta & Dietrich Lehmann: Psychophysiologie des Träumens und der Neurosentherapie: Das Zustands-Wechsel-Modell, eine Synopsis. Fortschritte der Neurologie, Psychiatrie und ihrer Grenzgebiete, 48, 1980, 324–350.

Kuhn, Thomas S.: Die Struktur wissenschaftlicher Revolutionen. Suhrkamp, Frankfurt am Main, 1988 (9. Auflage; amerikanische Erstauflage 1962, Postskriptum von 1969).

Kunzendorf, Robert G. (Hg.): Mental imagery. Plenum Press, New York, 1991 (Beiträge zweier Kongresse von Juni 1989 und Juni 1990).

Kunzendorf, Robert G.: The causal efficacy of consciousness in general, imagery in particular: a materialistic perspective. In: Kunzendorf, Robert G. (Hg.): Mental Imagery, Plenum Press, New York, 1991, 147–157.

Laidlaw, T. M.; R. J. Booth & R. G. Large: Reduction in skin reactions to histamine after a hypnotic procedure. Psychosomatic Medicine, 58, 1996, 242–248.

Lambert, S. A.: The effects of hypnosis/guided imagery on the postoperative course of children. Journal of Developmental and Behavioral Pediatrics, 17, 1996, 307–310.

Lautrey, Jacques & Daniel Chartier: A developmental approach to mental imagery. In: Cornoldi, Cesare & Mark A. McDaniel (Hg.): Imagery and cognition. Springer, New York, 1991, 247–282.

Lazarus, Arnold: Innenbilder. Imagination in der Therapie und als Selbsthilfe. J. Pfeiffer, München, 1980 (2. Auflage 1993; amerikanisches Original 1977).

Lee, L. H. & K. N. Olness: Effects of self-induced mental imagery on autonomic reactivity in children. Journal of Developmental and Behavioral Pediatrics, 17, 1996, 323–327.

Leedes, Richard: Theory and Praxis: A heuristic for describing, evaluating, and intervening on sexual desire disorders when sexual expression interferes with humanistic expression. Sexual Addiction and Compulsivity, 6, 1999, 289–310.

Lehmann, D. und Mitarbeiter: Brain electric microstates and momentary conscious mind states as building blocks of spontaneous thinking: I. Visual imagery and abstract thoughts. International Journal of Psychophysiology, 29, 1998, 1–11.

Leuner, Hanscarl: Katathym-imaginative Psychotherapie (K.I.P.). »Katathymes Bilderleben«, Einführung in die Psychotherapie mit der Tagtraumtechnik. Ein Seminar. Thieme, Stuttgart, 1994 (5. Auflage, 1. Aufl. 1970 unter dem Titel: »Katathymes Bilderleben«).

Leuner, Hanscarl: Lehrbuch der Katathym-imaginativen Psychotherapie. Grundstufe, Mittelstufe, Oberstufe. Huber, Bern, 1994 (3. Auflage, 1. Aufl. 1985 unter dem Titel: »Lehrbuch des KatathymenBilderlebens«).

Libet, Benjamin und Mitarbeiter: Time of conscious intention to act in relation to onset of cerebral activity (readiness-potential). Brain, 106, 1983, 623–642.

Lorenz, Konrad: Der Abbau des Menschlichen. Piper, München, 1983.

Luft, A. R. und Mitarbeiter: Comparing motion- and imagery-related activation in the human cerebellum: a functional MRI study. Human Brain Mapping, 6, 1998, 105–113.

Lurija, Alexander R.: Romantische Wissenschaft. Forschungen im Grenzbereich von Seele und Gehirn. Rowohlt, Reinbek, 1993 (russisches Original 1982).

Lurija, Alexander R.: Das Gehirn in Aktion. Einführung in die Neuropsychologie. Rowohlt, Reinbek, 1995a (Erstauflage 1992, russisches Original 1973).

Lurija, Alexander R.: Der Mann, dessen Welt in Scherben ging. Zwei neurologische Geschichten. Rowohlt, Reinbek, 1995b (Erstauflage 1991, russische Originale 1968 und 1971).

Maaß, Evelyne & Karsten Ritschl: Phantasiereisen leicht gemacht. Die Macht der Phantasie. Junfermann, Paderborn, 1996.

Maass, Hermann: Wach-Träume. Selbstheilung durch das Unbewußte. Walter, Olten, 1989.

Macho, Thomas: Vision und Visage. Überlegungen zur Faszinationsgeschichte der Medien. In: Müller-Funk, Wolfgang & Hans Ulrich Reck (Hg.): Inszenierte Imagination. Beiträge zu einer historischen Anthropologie der Medien. Springer, Wien, 1996, 87–108.

Maercker, Andreas: Systematische Desensibilisierung. In: Margraf, Jürgen (Hg.): Lehrbuch der Verhaltenstherapie. Band 1. Springer, Berlin, 2000 (2. Auflage), 405–412.

Mannix, Lisa K.; Rohit S. Chandurkar, Lisa A. Rybicki, Diane L. Tusek & Glen D. Solomon: Effect of guided imagery on quality of life for patients with chronic tension-type headache. Headache, 39, 1999, 326–334.

Margraf, Jürgen (Hg.): Lehrbuch der Verhaltenstherapie. Band 1: Grundlagen – Diagnostik – Verfahren – Rahmenbedingungen. 2., vollständig überarbeitete und erweiterte Auflage. Springer, Berlin, 2000 (1. Aufl. 1996).

Martin, Kathleen A.; Sandra E. Moritz & Craig-R. Hall: Imagery use in sport: A literature review and applied model. Sport Psychologist, 13, 1999, 245–268.

Masters, Robert & Jean Houston: Phantasie-Reisen. Zu neuen Stufen des Bewußtseins: Ein Führer durch unsere inneren Räume. Kösel, München, 1984 (amerikanisches Original 1972).

Manyande, A. und Mitarbeiter: Preoperative rehearsal of active coping imagery influences subjective and hormonal responses to abdominal surgery. Psychosomatic Medicine, 57, 1995, 177–182.

McGuire, P. K. und Mitarbeiter: Functional anatomy of inner speech and auditory verbal imagery. Psychological Medicine, 26, 1996a, 29–38.

McGuire, P. K. und Mitarbeiter: The neural correlates of inner speech and auditory verbal imagery in schizophrenia: relationship to auditory verbal hallucinations. British Journal of Psychiatry, 169, 1996b, 148–159.

McKinney, C. H. und Mitarbeiter: The effect of selected classical music and spontaneous imagery on plasma beta-endorphin. Journal of Behavioral Medicine, 20, 1997a, 85–99.

McKinney, C. H. und Mitarbeiter: Effects of guided imagery and music (GIM) therapy on mood and cortisol in healthy adults. Health Psychology, 16, 1997b, 390–400.

Mecklenbräuker, Silvia; Werner Wippich & Jürgen Bredenkamp: Bildhaftigkeit und Metakognitionen. Wissensentwicklung und bildhafte Verarbeitungsformen im Vorschul- und Schulalter. Hogrefe, Göttingen, 1992.

Meichenbaum, Donald: Warum führt die Anwendung der Imagination in der Psychotherapie zu Veränderung? In: Singer, Jerome L. & Kenneth S. Pope (Hg.): Imaginative Verfahren in der Psychotherapie. Junfermann, Paderborn, 1986 (amerikanisches Original 1978), 453–468.

Mellet, E.; N. Tzourio, M. Denis & B. Mazoyer: Cortical anatomy of mental imagery of concrete nouns based on their dictionary definition. Neuroreport, 9, 1998, 803–808.

Miltner, R.; U. Simon, J. Netz & V. Hömberg: Bewegungsvorstellung in der Therapie von Patienten mit Hirninfarkt. Neurologie & Rehabilitation, 5, 1999, 66–72.

Moser, Ulrich & Ilka von Zeppelin: Der geträumte Traum. Wie Träume entstehen und sich verändern. Kohlhammer, Stuttgart, 1996.

Müller, Else: Du spürst unter deinen Füßen das Gras. Autogenes Training in Phantasie- und Märchenreisen. Vorlesegeschichten. Fischer Taschenbuch, Frankfurt am Main, 1983.

Müller, Else: Inseln der Ruhe. Ein neuer Weg zum Autogenen Training für Kinder und Erwachsene. Kösel, München, 1994.

Müller, Else: Duft der Orangen. Phantastische Reisen zu den fünf Sinnen. Kösel, München, 1998.

Neumann, Karl Eugen (Hg.): Die Reden des Buddha. Mittlere Sammlung. Beyerlein & Steinschulte, Herrnschrot, 1995 (Nachdruck der erstmals ab 1896 erschienenen Ausgabe).

Neumann, W. und Mitarbeiter: Effects of pain-incompatible imagery on tolerance of pain, heart rate, and skin resistance. Perceptual and Motor Skills, 84, 1997, 939–943.

Nietzsche, Friedrich: Sämtliche Werke. Kritische Studienausgabe in 15 Bänden. Herausgegeben von Giorgio Colli und Mazzino Montinari. dtv, München / de Gruyter, Berlin, 1980.

Nørretranders, Tor: Spüre die Welt. Die Wissenschaft des Bewußtseins. Rowohlt Taschenbuch, Reinbek, 1994 (dänisches Original 1991).

Novack, L. L. & J. D. Bonvillian: Word recall in deaf students: the effects of different coding strategies. Perceptual and Motor Skills, 83, 1996, 627–639.

Nyanaponika (Hg.): Sutta-Nipata. Früh-buddhistische Lehr-Dichtungen aus dem Pali-Kanon. Mit Auszügen aus den alten Kommentaren. Übersetzt, eingeleitet und erläutert von Nyanaponika. Christiani, Konstanz, 1977 (2. revidierte Auflage, 1. Aufl. 1949).

Nyanaponika: Geistestraining durch Achtsamkeit. Die buddhistische Satipatthana-Methode. Christiani, Konstanz, 1989 (4. Auflage, 1. Aufl. 1950).

Oestermeier, Uwe: Bildliches und logisches Denken. Eine Kritik der Computertheorie des Geistes. Deutscher Universitäts Verlag, Wiesbaden, 1998.

Paddock, John R. und Mitarbeiter: When guided visualization procedures may backfire: Imagination inflation and predicting individual differences in suggestibility. Applied Cognitive Psychology, 12 (Sonderband), 1998, 63–75.

Page, Stephen J.; Wesley Sime & Kelly Nordell: The effects of imagery on female college swimmer's perceptions of anxiety. Sport Psychologist, 13, 1999, 458–469.

Paivio, Allan: Imagery and Memory. In: Gazzaniga, Michael S. (Hg.): The cognitive neurosciences. Massachusetts Institute of Technology (MIT), Cambridge M. A., 1995, 977–985.

Perls, Frederick S.: Gestalt-Therapie in Aktion. Ernst Klett, Stuttgart, 1969.

Perrig, Walter P.; Werner Wippich & Pasqualina Perrig-Chiello: Unbewußte Informationsverarbeitung. Huber, Bern, 1993.

Peters, Gisela; Susanne Plöhn, Henry Buhk & Bernhard Dahme: Imaginative Schmerztherapie: Effekte imaginativer Transformationen und angenehmer Vorstellungen und der Einfluß der Selbstanwendung zu Hause auf den Behandlungserfolg bei chronischen Kopfschmerzen. Zeitschrift für Klinische Psychologie, 27, 1998, 30–40.

Pfurtscheller, G. & C. Neuper: Motor imagery activates primary sensorimotor area in humans. Neuroscience Letters, 239, 1997, 65–68.

Philippe, Noelle: Visualisierung. Der kreative Weg zur Persönlichkeitsentfaltung. Ehrenwirth, München, 1990.

Piaget, Jean & Bärbel Inhelder: Die Entwicklung des inneren Bildes beim Kind. Suhrkamp, Frankfurt am Main, 1979 (französisches Original 1966).

Pitman, R. K. und Mitarbeiter: Emotional processing and outcome of imaginal flooding therapy in Vietnam veterans with chronic posttraumatic stress disorder. Comprehensive Psychiatry, 37, 1996, 409–418.

Polster, Erving & Miriam Polster: Gestalttherapie. Theorie und Praxis der integrativen Gestalttherapie. Fischer Taschenbuch, Frankfurt am Main, 1983.

Popper, Karl R. & John C. Eccles: Das Ich und sein Gehirn. Piper, München, 1982.

Porter, J.: Guided fantasy as a treatment for childhood insomnia. Australian and New Zealand Journal of Psychiatry, 9, 1975, 169–172.

Porter, S.; J. C. Yuille & D. R. Lehman: The nature of real, implanted, and fabricated memories for emotional childhood events: implications for the recovered memory debate. Law and Human Behavior, 23, 1999, 517–537.

Revenstorf, Dirk: Psychotherapeutische Verfahren. Band II: Verhaltenstherapie. Kohlhammer, Stuttgart, 1982.

Revenstorf, Dirk: Psychotherapeutische Verfahren. Band III: Humanistische Therapien. Kohlhammer, Stuttgart, 1983.

Richardson, M. A.: Coping, life attitudes, and immune responses to imagery and group support after breast cancer treatment. Alternative Therapies in Health and Medicine, 3, 1997, 62–70.

Rider, Mark S. & Jeanne Achterberg: Effect of music-assisted imagery on neutrophils and lymphocytes. Biofeedback and Self-Regulation, 14, 1989, 247–257.

Rivkin, Inna D. & Shelley E. Taylor: The effects of mental simulation on coping with controllable stressful events. Personality and Social Psychology Bulletin, 25, 1999, 1451–1462.

Rösler, Frank & Martin Heil: Kognitive Psychophysiologie. In: Frank Rösler (Hg.): Ergebnisse und Anwendungen der Psychophysiologie. Reihe: Enzyklopädie der Psychologie, Themenbereich C, Serie I: Biologische Psychologie, Band 5. Hogrefe, Göttingen, 1998, 165–224.

Roffwarg, H.P. (Hg.): Diagnostic classification of sleep and arousal disorders. Sleep, 2, 1979, 1–137.

Roth, Gerhard: Das Gehirn und seine Wirklichkeit. Kognitive Neurobiologie und ihre philosophischen Konsequenzen. Suhrkamp Taschenbuch, Frankfurt am Main, 1997 (5. überarbeitete Auflage, 1. Aufl. 1994).

Rubin, D. C. & M. D. Schulkind: Properties of word cues for autobiographical memory. Psychological Reports, 81, 1997, 47–50.

Sathian, K. und Mitarbeiter: Feeling with the mind's eye. Neuroreport, 8, 1997, 3877–3881.

Schmidt, Siegfried J.: (Fernseh)Werbung, oder die Kommerzialisierung der Kommunikation. In: Müller-Funk, Wolfgang & Hans Ulrich Reck (Hg.): Inszenierte Imagination. Beiträge zu einer historischen Anthropologie der Medien. Springer, Wien, 1996, 25–43.

Schneider, John; C. Wayne Smith, Chris Minning, Sara Whitcher & Jerry

Hermanson: Guided imagery and immune system function in normal subjects: a summary of research findings. In: Kunzendorf, Robert G. (Hg.): Mental Imagery, Plenum Press, New York, 1991, 179–191.

Schnitzler, A. und Mitarbeiter: Involvement of primary motor cortex in motor imagery: a neuromagnetic study. Neuroimage, 6, 1997, 201–208.

Schredl, Michael: Träume und Schlafstörungen. Unveröffentlichte Dissertation, Mannheim, 1998.

Schultz, Johannes Heinrich. Das autogene Training. Konzentrative Selbstentspannung. Versuch einer klinisch-praktischen Darstellung. Thieme, Stuttgart, 1991 (19. Auflage, 1. Aufl. 1932).

Seiffge-Krenke, Inge: Probleme und Ergebnisse der Kreativitätsforschung. Huber, Bern, 1974.

Seithe, Angelica: Die Verwendung von Sprachbildern in der Katathym-imaginativen Psychotherapie. In: Kottje-Birnbacher, Leonore; Ulrich Sachsse & Eberhard Wilke (Hg.): Imagination in der Psychotherapie. Huber, Bern, 1997, 83–95.

Seligman, Martin & Amy Yellen: What is a dream? Behaviour Research and Therapy, 25, 1987, 1–24.

Seligman, Martin: Pessimisten küßt man nicht. Knaur, München, 1993 (deutsche Erstausgabe 1991, amerikanisches Original 1990).

Shin, L. M.; S. M. Kosslyn und Mitarbeiter: Visual imagery and perception in posttraumatic stress disorder. A positron emission tomographic investigation. Archives of General Psychiatry, 54, 1997, 233–241.

Shin, L. M. und Mitarbeiter: Regional cerebral blood flow during script-driven imagery in childhood sexual abuse-related PTSD: A PET investigation. American Journal of Psychiatry, 156, 1999, 575–584.

Siegel, Ronald K.: Halluzinationen. Expeditionen in eine andere Wirklichkeit. Rowohlt Taschenbuch, Reinbek, 1998 (amerikanisches Original 1992).

Simmel, Marianne L.: Developmental aspects of the body scheme. Child Development, 37, 1966, 83–95.

Simonton, O. Carl; Stephanie Matthews-Simonton & James Creighton: Wieder gesund werden. Eine Anleitung zur Aktivierung der Selbstheilungskräfte für Krebspatienten und ihre Angehörigen. Rowohlt, Reinbek, 1982 (amerikanische Originalausgabe 1978).

Singer, Dorothy G. & Jerome L. Singer: The house of make-believe. Children's play and the developing imagination. Harvard University Press, Cambridge, 1992 (Erstauflage war 1990).

Singer, Jerome L. & Kenneth S. Pope (Hg.): Imaginative Verfahren in der Psychotherapie. Junfermann, Paderborn, 1986 (amerikanisches Original 1978).

Sinha, Rajita; Dana Catapano & Stephanie O'Malley: Stress-induced craving and stress response in cocaine dependent individuals. Psychopharmacology, 142, 1999, 343–351.

Smania, N.; F. Bazoli, D. Piva & G. Guidetti: Visuomotor imagery and rehabilitation of neglect. Archives of Physical Medicine and Rehabilitation, 78, 1997, 430–436.

Spiegel, D. & R. Moore: Imagery and hypnosis in the treatment of cancer patients. Oncology (Huntington), 11, 1997, 1179–1189.

Steffensen, Margaret S.; Ernest T. Goetz & Xiaoguang Cheng: The images and emotions of bilingual Chinese readers: A dual coding analysis. Reading Psychology, 20, 1999, 301–324.

Stephan, K. M. & R. S. Frackowiak: Motor imagery – anatomical representation and electrophysiological characteristics. Neurochemical Research, 21, 1996, 1105–1116.

Stevens, John O.: Die Kunst der Wahrnehmung. Übungen der Gestalttherapie. Chr. Kaiser / Gütersloher Verlagshaus, Gütersloh, 1975 (13. Auflage 1993, amerikanisches Original 1971).

Strauch, Inge & Barbara Meier: Den Träumen auf der Spur. Ergebnisse der experimentellen Traumforschung. Huber, Bern, 1992.

Taylor, Richard C. und Mitarbeiter: Tobacco craving: Intensity-related effects of imagery scripts in drug abusers. Experimental and Clinical Psychopharmacology, 8, 2000, 75–87.

Tuschen-Caffier, Brunna & Claus Vögele: Psychological and physiological reactivity to stress: an experimental study on bulimic patients, restrained eaters and controls. Psychotherapy and Psychosomatics, 68, 1999, 333–340.

Tusek, D. L.; J. M. Church & V. W. Fazio: Guided imagery as a coping strategy for perioperative patients. AORN Journal, 66, 1997a, 644–649.

Tusek, D. L. und Mitarbeiter: Guided imagery: a significant advance in the care of patients undergoing elective colorectal surgery. Diseases of the Colon and Rectum, 40, 1997b, 172–178.

Wallace, B.; P. A. Allen & R.E. Propper: Hypnotic susceptibility, imaging ability, and anagram-solving activity. International Journal of Clinical and Experimental Hypnosis, 44, 1996, 324–337.

Wallace, G.: The art of thought. Harcourt Brace, New York, 1926.

Wallace, K. G.: Analysis of recent literature concerning relaxation and imagery interventions for cancer pain. Cancer Nursing, 20, 1997, 79–87.

Weatherly, D. C.; S. E. Ball & J. R. Stacks: Reliance on visual imagery and its relation to mental rotation. Perceptual and Motor Skills, 85, 1997, 431–434.

Weerth, Rupprecht: NLP und Imagination. Grundannahmen, Methoden,

Möglichkeiten und Grenzen. Junfermann, Paderborn, 1994 (2. Auflage, 1. Aufl. 1992).

Weinert, Franz Emanuel: Wissenschaftliche Kreativität: Mythen, Fakten und Perspektiven. Universität-Gesamthochschule-Paderborn, Paderborn, 1993.

Werth, Reinhard: Neglect nach Hirnschädigung. Unilaterale Verminderung der Aufmerksamkeit und Raumrepräsentation. Springer, Berlin, 1988.

Wessells, Michael G.: Kognitive Psychologie. Ernst Reinhardt, München, 1994 (3., überarbeitete Auflage, amerikanisches Original 1982).

Yaguez, L. und Mitarbeiter: A mental route to motor learning: improving trajectorial kinematics through imagery training. Behavioural Brain Research, 90, 1998, 95–106.

Zimmer, Dieter E.: Wenn wir schlafen und träumen. Die Nachtseite unseres Lebens. Kösel, München, 1984.